全国技能大赛——全国医药行业职业技能竞赛教材

"十四五"全国职业教育医药类规划教材

药品购销技术

综合实训

中国医药教育协会职业技术教育委员会　　组织编写

丛淑芹　李承革　主编

叶　真　主审

化学工业出版社

·北京·

内容简介

本书是"十四五"全国职业教育医药类规划教材，由中国医药教育协会职业技术教育委员会组织编写。本书是在"岗课赛证"一体化设计理念的指导下，围绕药品购销岗位需求，对接《医药商品购销员国家职业标准》和工作过程，融合全国医药行业特有职业技能竞赛项目，选取药品购销职业活动中典型工作任务为案例背景，设计了涵盖药品购销全过程 9 个环节、24 项任务、110 个实训项目。配套纸质版教材设计了支撑实训项目需要的表单、数据、图片、药品模型等特色数字化资源，学生可通过手机扫描书中二维码，利用提供的数字化资源，开展仿真实践训练。

本教材是《药品购销技术》的配套教材，可以作为职业院校药学、药品经营与管理、药物制剂技术、食品药品监督管理等专业相关课程的实践教学用书，也可作为全国医药行业特有职业技能竞赛药品购销员工种指导书以及药品经营企业的技术规范和岗位培训用书。

图书在版编目（CIP）数据

药品购销技术综合实训/中国医药教育协会职业技术教育委员会组织编写；丛淑芹，李承革主编. —北京：化学工业出版社，2022.3 （2025.1重印）
全国技能大赛——全国医药行业职业技能竞赛教材
"十四五"全国职业教育医药类规划教材
ISBN 978-7-122-40538-8

Ⅰ.①药… Ⅱ.①中…②丛…③李… Ⅲ.①药品-购销-高等职业教育-教材 Ⅳ.①F763

中国版本图书馆 CIP 数据核字（2022）第 000187 号

责任编辑：陈燕杰　张　蕾　　　　　　　　文字编辑：何　芳
责任校对：王鹏飞　　　　　　　　　　　　装帧设计：王晓宇

出版发行：化学工业出版社（北京市东城区青年湖南街 13 号　邮政编码 100011）
印　　装：河北延风印务有限公司
710mm×1000mm　1/16　印张 12¾　字数 215 千字
2025 年 1 月北京第 1 版第 6 次印刷

购书咨询：010-64518888　　　　　　　　　售后服务：010-64518899
网　　址：http://www.cip.com.cn
凡购买本书，如有缺损质量问题，本社销售中心负责调换。

定　　价：30.00 元

中国医药教育协会职业技术教育委员会
全国医药行业特有职业技能竞赛教材建设委员会

主 任 委 员 蒋忠元　上海医药职工大学

副主任委员 以姓氏笔画为序

丁　立　广东食品药品职业学院

王冬丽　上海医药职工大学

冯维希　江苏省连云港中医药高等职业技术学校

曲壮凯　辽宁医药职业学院

朱照静　重庆医药高等专科学校

阳　欢　江西省医药技师学院

李宝杰　鲁南制药集团股份有限公司

吴昌标　福建生物工程职业技术学院

吴阎云　中国医药教育协会职业技术教育委员会

张　晖　山东药品食品职业学院

张卫平　北京奥鹏远程教育中心有限公司

张炳烛　河北化工医药职业技术学院

张橡楠　河南医药技师学院

季　敏　上海医药（集团）有限公司

官昭瑛　深圳技师学院生物学院

徐小萍　上海健康医学院医学影像学院

徐建功　中国医药教育协会职业技术教育委员会

龚　谦　长江职业学院

韩忠培　浙江医药高等专科学校

常 务 委 员 以姓氏笔画为序

牛新明　河南通量电子科技有限公司

石兴亚　上海市医药学校

刘建升　山东医药技师学院

李琼琼　上海驭风文化传播有限公司

沈　力　重庆三峡医药高等专科学校

张建宝　山东港通深度智能科技有限公司

张雪昀　湖南食品药品职业学院

张震云　山西药科职业学院

林素静　深圳职业技术学院

郝晶晶　北京卫生职业学院

黄　沐　汕头中医药技工学校

曹燕利　天津现代职业技术学院

崔福军　江苏省徐州医药高等职业学校

董建慧　杭州第一技师学院

韩宝来　河南应用技术职业学院

程　敏　四川省食品药品学校

谢海春　南京药育智能科技有限公司

管金发　杭州胡庆余堂国药号有限公司

本书编审人员名单

主　　编　丛淑芹　李承革

副 主 编　彭荣珍　林素静　段立华

编写人员　丁　旭　江苏护理职业学院

王增仙　山西药科职业学院

王国康　浙江药科职业大学

王立青　重庆三峡医药高等专科学校

王元忠　重庆化工职业学院

王　堃　长江职业学院

王建美　金华职业技术学院

丛淑芹　山东药品食品职业学院

卢诗剑　广西农业职业技术大学

李承革　四川省食品药品学校

朱述英　山东协和学院

刘　洋　广东省食品药品职业技术学校

李　雪　广东食品药品职业学院

宋新焕　杭州第一技师学院

杨显辉　郑州铁路职业技术学院

孟彦波　邢台医学高等专科学校

陈　诚　广西中医药大学附设中医学校

宋立群　泰山护理职业学院

何雨姝　成都铁路卫生学校

束　玲　江苏省医药有限公司

吴春生　安徽省淮北卫生学校

何永佳	广东岭南职业技术学院
张　曦	广州市医药职业学校
张彦焘	广州卫生职业技术学院
林素静	深圳职业技术学院
尚　平	石家庄职业技术学院
杭　曦	苏州卫生职业技术学院
段立华	河北化工医药职业技术学院
赵鲁亚	菏泽医学专科学校
皇立卫	江苏食品药品职业技术学院
娄　芸	深圳技师学院
施翼麟	南京市莫愁中等专业学校
赵文姣	淄博职业学院
赵瑞瑞	河南医药健康技师学院
袁绍莉	徐州生物工程职业技术学院
高　垚	楚雄医药高等专科学校
秦晓婷	长治卫生学校
徐志华	淮南市职业教育中心
夏　冬	辽宁医药职业学院
曹　丹	江苏省徐州医药高等职业学校
崔颖露	江苏润天医药连锁药房有限公司
彭荣珍	广东江门中医药职业学院
蒋　波	江苏省常州技师学院
董月辉	济南护理职业学院
鲁燕君	江西省医药技师学院
翟晶姝	北京市实验职业学校
霍亚丽	山东医药技师学院
魏婷婷	山东省济宁卫生学校

主　审　叶　真

前　言

为了深入贯彻全国职业教育大会精神，推动现代职业教育高质量发展，落实 2021 年 10 月中共中央办公厅、国务院办公厅印发的《关于推动现代职业教育高质量发展的意见》中"改进教学内容与教材，完善'岗课赛证'综合育人机制，按照生产实际和岗位需求设计开发课程，开发模块化、系统化的实训课程体系，提升学生实践能力"，在中国医药教育协会职业技术教育委员会组织规划下，开展本教材编制工作。

根据"岗课赛证"一体化设计理念，教材对接《医药商品购销员国家职业标准》和工作过程，围绕药品购销岗位需求，融合全国职业院校技能大赛药品购销技能竞赛项目，选取药品购销职业活动中典型工作任务为案例背景设计实训项目。每个实训项目设有"情景模拟"，以完成具体任务为主线，明确操作要求或操作步骤，对任务完成情况设定评价标准。同时，本教材内容融入了课程思政元素，弘扬工匠精神，使学生在完成具体任务时，注重培养合规守法意识和诚实守信品质，充分发挥立德树人教育职能。

本教材为书网融合新型教材，即纸质教材与数字化资源有机融合，配套设计了支撑实训项目需要的表单、数据、图片、药品模型等特色数字化资源，学生可通过手机扫描书中二维码，利用提供的特色数字化资源，开展仿真实践训练。

教材分为上、下两篇。上篇为技能操作，包含了药品采购、药品收货与验收、药品储存养护、药品陈列、顾客服务、药品服务、药品销售管理、药品营销、经济核算药品购销全过程的 9 个项目 24 项任务 110 个实训；下篇为技术理论题库，近 200 道题目，内容涵盖了药品购销岗位所需的技术理论知识。

从全国遴选出有丰富教学经验的专业教师和实践工作经历的医药企业技术人员，组建了来自 2 个医药企业、46 所职业院校共 48 名编委的编写团队。同时，聘请了有丰厚理论知识和丰富实践经验的医药行业企业专家、全国职业技能大赛药品购销技能竞赛裁判长叶真做主审。在教材编写过程中，企业专家全程参与和指导，实现了校企"双元"合作开发教材，从而保证了教材的实践性和可操作性。

本教材是《药品购销技术》一书的配套教材，可以作为职业院校药学、药品经营与管理、药物制剂技术、食品药品等专业相关课程的实践教学用书，也可作为全国医药行业特有职业技能竞赛药品购销员工种指导书以及药品经营企业的技术规范和岗位培训用书。

教材编写人员分工如下：丛淑芹拟定本书编写大纲，并负责全书统稿，李承革负责项目五顾客服务和项目六药品服务部分设计、统稿。何永佳负责、皇立卫、卢诗剑、杭曦参与，共同编写项目一药品采购；丛淑芹负责、赵鲁亚、王立青参与共同编写项目二药品收货与验收；王堃负责，秦晓婷、孟彦波参与共同编写项目三药品储存养护；林素静负责，霍亚丽、何雨姝、宋新焕参与共同编写项目四药品陈列；彭荣珍负责，张曦、董月辉、束玲、施翼麟、崔颖露参与共同编写项目五顾客服务；李承革、王增仙、李雪负责、蒋波、陈诚、王国康、袁绍莉、娄芸、曹丹、王建美、王元忠、尚平、杨显辉、高垚、朱述英、翟晶姝参与共同编写项目六药品服务；鲁燕君负责、宋立群、张彦焘、徐志华参与共同编写项目七药品销售管理；段立华负责、赵文姣、夏冬、丁旭、赵瑞瑞、刘洋参与共同编写项目八药品营销；鲁燕君负责，魏婷婷、吴春生参与共同编写项目九经济核算。

本教材的编写得到了中国医药教育协会、中国医药教育协会职业技术教育委员会以及各院校领导的大力支持，在此表示衷心的感谢！

由于编者学识水平有限，教材中难免会有疏漏之处，敬请广大读者批评指正！

编　者

2022 年 1 月

上篇
技能操作

下篇
技术理论题库

参考答案

上篇

技能操作

项目一
药品采购

任务一　首营企业审核

数字资源

1.1.1　药品生产企业首营资料
1.1.2　药品经营企业首营资料
1.2.1　首营企业资料（更换）
　　　（1）药品生产企业首营资料（更换1.1.1有问题资料）
　　　（2）药品经营企业首营资料（更换1.1.2有问题资料）
1.3.1　国产药品资料
1.4.1　首营品种资料（更换）
1.5.1　2月底库存表
1.6.1　药品购销合同样例
1.7.1　采购记录

技能目标

1. 掌握首营企业审批工作流程。
2. 能索取首营企业资料。
3. 能审核首营企业资质。
4. 能填报首营企业审批表。

5.能建立合格供货方档案。

实训 1-1　首营企业资料审核

晨阳医药有限公司是一家药品批发企业，经营的药品范围包括中药饮片、中成药、化学药制剂、抗生素、生化药品、生物制品、蛋白同化制剂、肽类激素。本年度1月，拟首次从鲁南厚普制药有限公司和瑞康医药集团股份有限公司采购药品。晨阳医药有限公司的采购员需要按照GSP要求，让供应商销售人员提供首营企业资料，并交给质量部进行审核。

瑞康医药集团股份有限公司的GSP证书已于2020年10月20日过期。

操作要求

请根据GSP和首营企业资料的审核要求，完成：

1.从给定的所有资料中找出正确的首营企业资料（含销售人员）编号。

2.写出缺少的首营企业资料名称。

3.写出有问题的资料编号及问题原因。

材料准备

1.药品生产企业首营审核，见扫一扫1.1.1药品生产企业首营资料。

2.药品经营企业首营审核，见扫一扫1.1.2药品经营企业首营资料。

注意事项

1.注意所有资料上加盖的供货单位公章必须是原印章，不能是复印件，并且印章必须与备案印章样式一致。

2.审核过程中，要严谨、认真，严格按照规范的要求，逐个、逐项检查所有资料的真伪性和有效性。

3.要秉持实事求是的职业道德，遇到疑义时，要多查询相关资料，避免在不确定的情况下，只凭主观意识做出判断。

4.要具备主动探究学习意识和信息素养，及时了解行业新技术、新规范，保持职业适应性。

5.培养质量第一的意识，树立药品行业使命感，在工作中保持耐心，对待工作细致认真。

6.药品经营企业应把质量放在选择药品和供应单位条件的首位，应从具备合法资质的药品生产企业或药品批发企业采购药品。

见表 1-1。

表 1-1 首营企业资料审核评价表

序号	评价内容	评价标准
1	资料收集	企业资料收集完整
2	资料核查	项目核查齐全
		内容核查准确无误
3		能够准确找出有问题资料,并指出错误原因
4	信息查询	能够到市场监督管理局和药品监督管理局网站核对企业信息

实训 1-2　首营企业审批表填写

情景模拟

晨阳医药有限公司的采购员将实训 1-1 首营企业资料收集齐后,将有问题的资料进行更换,已符合要求。按照首营企业审批流程进行合法性审核审批。

操作要求

1. 按照首营企业审批表填报要求,完成 2 个首营企业审批表填报。
2. 若有 GSP 实训系统,在计算机系统中完成 2 个首营企业审批表填报。

材料准备

1. 首次提交合格的首营企业材料,见扫一扫 1.1.1 和扫一扫 1.1.2。

2. 审核有问题更换成合格的资料,见扫一扫 1.2.1 首营企业资料（更换）。

3. 首营企业审批表见《药品购销技术》第 230 页表 6-1。

注意事项

在首营企业审核过程中,应保持高度的责任心,客观公正地审核材料,坚决抵制商业贿赂。

评价标准

见表 1-2。

表 1-2 首营企业审批表填写评价表

序号	评价内容	评价标准
1	资料收集	企业资料收集完整
2	资料核查	项目核查齐全
		内容核查准确无误
3	审核人责任	审核签字,签署意见
4	签订质量保证协议	约定双方质量保证协议,一年一签
5	首营资料建档	档案盒编号,资料齐全归档

任务二　首营品种审核

技能目标

1. 掌握首营品种审批工作流程。
2. 能索取首营品种资料。
3. 能审核首营品种的资质。
4. 能填报首营品种审批表。
5. 能建立药品质量档案。

实训 1-3　首营品种资料审核

情景模拟

本年度 1 月,晨阳医药有限公司,拟从新合作的鲁南厚普制药有限公司首次购进一批药品,晨阳医药有限公司采购员需要按照 GSP 要求,让供应商销售人员提供首营品种资料,并交给质量部进行审核。

操作要求

请根据 GSP 和首营品种资料的审核要求,完成:
1. 从给定的所有资料中找出正确的首营品种资料编号。
2. 写出缺少的首营品种资料名称。
3. 写出有问题的资料编号及问题原因。

材料准备

国产药品首营品种审核,见扫一扫 1.3.1 国产药品资料。

1. 首营品种应在供货企业《药品生产许可证》或《药品经营许可证》的经营范围内，并在本公司的《药品经营许可证》的经营范围内。

2. 注意所有资料上加盖的供货单位公章必须是原印章，不能是复印件，并且印章必须与备案印章样式一致。

3. 首营品种审核过程中，要严谨、认真，严格按照规范的要求，逐个、逐项检查所有资料的真伪性和有效性。

评价标准

见表 1-3。

表 1-3　首营品种资料审核评价表

序号	评价内容	评价标准
1	资料收集	企业资料收集完整
2	资料填写	项目核查齐全
3		内容核查准确无误
4		核查注册批件、药品标签、说明书等是否与药品标准一致、药品合法证明文件是否在有效期内
5		能够准确找出有问题资料，并指出错误原因
6	信息查询	能够通过国家药品监督管理局网站进行数据查询核实

实训 1-4　首营品种审批表填写

情景模拟

晨阳医药有限公司采购员将实训 1-3 首营品种资料收集齐后，将有问题的资料进行更换，已符合要求。按照首营品种审批流程进行合法性审核审批。

操作要求

1. 按照首营品种审批表填报要求，完成 3 个首营品种审批表填报。

2. 若有 GSP 实训系统，在计算机系统中完成 3 个首营品种审批表填报。

材料准备

1. 首次提交合格的首营品种材料，见扫一扫 1.3.1 国产药品资料。

2.审核有问题更换的资料，见扫一扫 1.4.1 首营品种资料（更换）。

3.首营品种审批表见《药品购销技术》第 234 页表 6-2。

注意事项

1.应逐一认真填写首营品种审批表中的内容，要严谨、细心，严格按照规范的要求，进行填写。

2.对于资料缺项的应进行催补材料，材料齐全方可进行下一步的流程审批。

3.采购人员应及时了解行业新技术、新的法律法规，保持职业适应性。

评价标准

见表 1-4。

表 1-4　首营品种审批表填写评价表

序号	评价内容	评价标准
1	资料收集	首营品种资料收集完整
2	资料填写	表格项目填写齐全、规范
		填写内容核查准确无误
3	审核人责任	审核签字,签署意见
4	首营资料建档	档案盒编号,资料齐全归档

任务三　药品购进

技能目标

1.会制定采购计划。

2.能签订药品采购合同。

3.能够进行货款结算。

实训 1-5　采购计划制定

情景模拟

到了本年度 2 月底，晨阳医药有限公司采购员张某某对所负责品种上年 12 月份、今年 1 月份和 2 月份近 3 个月，以及上年度同期销售情况进行分析，结合公司2月底库存情况，要做3月份采购计划。

操作要求

请根据公司药品销售情况和库存表，结合药品消费的特点，合理制订公司本年度3月份的采购计划，并填写采购计划表。

材料准备

1. 药品采购计划表见《药品购销技术》第239页表6-3。
2. 公司药品销售情况表，见表1-5。

表 1-5　药品销售情况表

编号	品名	规格	单位	生产厂家	药品上市许可持有人	上年3月份销量	今年2月份销量	今年1月份销量	上年12月份销量
1	盐酸布替萘芬乳膏	10g：0.1g	支	鲁南贝特制药有限公司	鲁南贝特制药有限公司	2380	2200	2350	2300
2	荆防颗粒	15g/袋	袋	山东新时代药业有限公司	山东新时代药业有限公司	1080	1350	1750	1780
3	小儿消积止咳颗粒	3g×10袋	盒	鲁南厚普制药有限公司	鲁南厚普制药有限公司	1590	1610	1580	1550
4	聚乙二醇化人粒细胞刺激因子注射液	1.0ml：3.0mg	瓶	山东新时代药业有限公司	山东新时代药业有限公司	198	206	190	200
5	奥司利他胶囊	60mg	盒	山东新时代药业有限公司	山东新时代药业有限公司	520	550	780	560

3. 库存表，见扫一扫 1.5.1　2月底库存表。

注意事项

1. 制订采购计划需要注意采购品种的合理性、采购数量的合理性，统筹考虑企业现有库存、市场需求（销售）、药品季节性消费特点等诸多因素，要有一定的预测能力和判断能力。

2.采购计划制订时应注意相同品名产品有不同规格、不同生产企业。

3.采购价格参考以前的供货价，或者根据市场变化重新谈价议价。

评价标准

见表1-6。

表 1-6　采购计划制定评价表

序号	评价内容	评价标准
1	计划表填制	项目填制规范、完整
2	采购品种	采购品种的合理性
3		采购品种的季节性
4		采购品种的市场需求变化
5	采购数量	采购数量的合理性
6		库存数量的合理性

实训 1-6　购销合同签订

情景模拟

晨阳医药有限公司采购员张某某根据制订的采购计划，拟从瑞康医药集团股份有限公司采购药品。双方于本年度3月5日在本企业签订药品购销合同，约定交货时间为本年度3月10日，货款于交货后30日内通过银行转账方式结算。双方通过质量条款对药品质量进行保证，如有质量问题在到货后7日内提出。双方约定送货方式由瑞康医药集团股份有限公司通过汽运提供门到门服务，物流费用由瑞康公司承担。供方如延迟交货，每延迟一天需要偿付货值金额1%的违约金，需方如延迟结算货款，每延迟一天需要偿付货值金额1%的违约金。如有合同纠纷无法解决，优先采用仲裁。

操作要求

按照双方谈判结果和标准书面合同内容要求，签订购销合同。

材料准备

1.采购品种明细，见表1-7。

表 1-7 采购品种明细

品名	规格	单位	生产企业	药品上市许可持有人	单价	数量
盐酸布替萘芬乳膏	10g:0.1g	支	鲁南贝特制药有限公司	鲁南贝特制药有限公司	8.20元	1920
荆防颗粒	15g/袋	袋	山东新时代药业有限公司	山东新时代药业有限公司	23.50元	936
小儿消积止咳颗粒	3g×10袋	盒	鲁南厚普制药有限公司	鲁南厚普制药有限公司	25.60元	1440
聚乙二醇化人粒细胞刺激因子注射液	1.0ml:3.0mg	瓶	山东新时代药业有限公司	山东新时代药业有限公司	170.00元	20
奥司利他胶囊	60mg	盒	山东新时代药业有限公司	山东新时代药业有限公司	80.00元	400

2.购销合同，见扫一扫1.6.1药品购销合同样例。

3.晨阳医药有限公司合同专用章、瑞康医药集团股份有限公司合同专用章。

注意事项

1.合同项目填写要完整。

2.如果合同表格中有空行，需要用蛇形符号标记结束。

3.合计金额要顶头写，注意大写数字的准确性。

4.合同中存在"其他"处或者空格处无内容的，应写上"无"或者划掉。

5.合同的填写形式应保证严谨性，不能随意划掉或者涂改。

6.合同的语言要求标准、简明，法律或者技术用语应规范、准确，避免使用诸如"约""左右""最快""尽可能"等模糊用语，而是要求以准确的时间或者数额表达。

7.结算方式既包括结算的具体形式，还包括结算的期限。

8.违约责任的书写，双方的权利义务应该对等。

9.物流费用承担方要明确。

10.盖章要盖双方合同专用印章。

见表1-8。

表 1-8　购销合同签订评价表

序号	评价内容	评价标准
1	合同条款	是否完整、具体
2	合同用语	是否准确、清楚
3	合同格式	是否规范
4		字迹是否清晰、工整
5		无涂改现象

实训 1-7　采购货款结算

情景模拟

本年度4月5日，晨阳医药有限公司采购员根据采购记录，做本月货款结算计划。

操作要求

根据采购合同约定的供应商结算期限，填写本月采购付款计划表。

材料准备

1. 采购记录，见扫一扫 1.7.1 采购记录。

2. 月度采购付款计划表，见表 1-9。

表 1-9　月度采购付款计划表

序号	付款品种	供应商名称	应付款金额	已付款金额	未付款金额	本月计划付款金额	付款时间	付款方式	请款人	备注
1										
2										
3										

注意事项

1. 采购记录要真实、准确。

2.货款结算要做到票、账、货相符，并与财务部门进行沟通。

3.要有高度的责任心、严谨性。

评价标准

见表 1-10。

表 1-10　采购货款结算评价表

序号	评价内容	评价标准
1	付款计划表填制	付款计划准确、合理
2		计划表项目填写完整
3	付款金额	付款金额准确

项目二
药品收货与验收

任务一　药品收货

技能目标

1.能够熟练进行采购到货和销售退回药品收货操作。

2.能够对收货异常问题进行合理处置。

3.会填写药品收货记录。

实训 2-1　采购到货药品收货

情景模拟

　　本年度 3 月 8 日，晨阳医药有限公司 3 月 5 日从瑞康医药集团股份有限公司采购的药品送达仓库收货场地。随货有瑞康医药集团股份有限公司药品随货同行单、药品检验报告书、冷链交接单。收货员对运输车辆封闭状况、运输过程温度、到货药品外包装进行检查，均符合要求。

操作要求

1.请按照药品收货流程对采购到货药品进行收货操作，在随货同行单和冷链交接单签字，并加盖收货专用章。

2.填写收货记录，一般药品收货记录表见《药品购销技术》第250页表7-1，冷链药品收货记录表见《药品购销技术》第250页表7-2。

3.若有异常情况，写明问题和处置措施。

材料准备

1.货架、整件包装箱若干、中包装箱若干（按包装箱规格装整件箱中）、瑞康医药集团股份有限公司收货专用章。

2.标识牌：收货区、待验区。

3.采购记录，见扫一扫1.7.1采购记录。

4.模拟药品包装图片（包装图片打印分别贴整件包装箱、中包装箱上），见扫一扫2.1.1到货药品包装图片。

5.到货药品单据，见扫一扫2.1.2到货药品单据。

注意事项

1.核对过程要细致、认真，随货同行单据、采购订单、实货三者信息必须一致。

2.随货同行单样式、出库专用章要与留存印章印模一致，确保合法性。

3.随货同行单为药品流通过程中的原始记录凭证，有异常情况在随货同行单上做标注、签字。

4.核对无误药品按照其特性放置相应待验库（区）。

5.到货温度应记录具体的温度。

6.必须仔细、全面地检查在途温度记录，与冷链交接单和保温箱状态进行核对，三者信息必须一致。

评价标准

见表2-1。

表2-1 采购到货药品收货评价表

序号	评价内容	评价标准
1	票据查验	随货同行单、印章样式要与备案进行核对
2		随货同行单要与采购记录进行核对

序号	评价内容	评价标准
3	收货程序操作	操作程序完整、规范
4		操作熟练
5	异常情况处置	拒收原因合理、正确
6		处置措施合理、规范
7	收货记录填写	记录填写规范、准确
8	交接记录	随货同行单标注清晰
9		随货同行单签字

实训 2-2　退回药品收货

情景模拟

　　本年度 3 月 10 日，晨阳医药有限公司销售给市立医院的药品，客户要求退货。负责市立医院销售员李某某，经向销售经理请示后同意退货。开票员查阅"销售记录"系统内容，确认为本企业销售的药品后开具"销后退回药品通知单"，收货员根据"销后退回药品通知单"收货并对退回药品外包装进行检查，符合要求交验收员验收。

操作要求

　　1.请按照销售退回药品收货流程对退货药品进行收货操作。

　　2.填写收货记录。销后退回药品收货记录表见《药品购销技术》第 251 页表 7-4。

材料准备

　　1.包装箱若干。

　　2.标识牌：收货区。

　　3.模拟药品包装图片（包装图片打印贴包装箱），见扫一扫 2.2.1 退回药品包装图片。

　　4.退回药品单据，见扫一扫 2.2.2 退回药品单据。

注意事项

　　1.为保证退回药品质量，应该严格按照销售退回程序进行申请和审批。

　　2.收货员要依据销售部门确认的退货通知对销后退回药品进行核对。

　　3.对于销后退回的冷冻、冷藏药品，客户如果不能提供证明或超出温度控制要求的，按不合格药品处理。

见表 2-2。

表 2-2　退回药品收货评价表

序号	评价内容	评价标准
1	票据查验	销后退回药品申请单要与销后退回药品通知单进行核对
2	收货程序操作	操作程序完整、规范
3		操作熟练
4	收货记录填写	记录填写规范、准确

任务二　药品验收

技能目标

1. 掌握药品验收流程，能够对异常问题进行合理处置。

2. 会填写药品验收记录。

实训 2-3　药品验收实训

情景模拟

收货员将实训 2-1 中收货检查出现异常情况的问题反馈给采购部门，采购员张某某联系供应商按照要求全部处置完毕后，所有到货药品收货检查合格后，收货员交接给验收员进行验收。验收员查验药品包装和外观质量是合格的。

操作要求

1. 请按照药品验收流程进行验收操作。

2. 验收检查完后填写验收记录，药品验收记录表见《药品购销技术》第 260 页表 7-11。

3. 若有异常情况，写明问题和处置措施。

材料准备

1. 标识牌：待验区（2 套）、冷库。

2. 待验收药品和单据：收货环节合格的药品和单据流转到验收环节，有问题更换后的药品和单据，见扫一扫 2.3.1

药品和单据（更换）。

3.到货药品检验报告书，见扫一扫2.3.2药品检验报告书。

1.验收是对采购到货药品和销后退回药品进行逐批抽样验收。

2.将验收完后的药品按照验收结论放置相应区域内［验收合格药品放相应合格品库（区），验收不合格药品放不合格库（区）］。

3.如果属于特殊管理药品，需要双人验收，并逐件验收至每一最小包装；如果是蛋白同化制剂和肽类激素（胰岛素除外），需要专人验收。

4.验收合格与不合格都要填写验收记录。

见表2-3。

表2-3 药品验收评价表

序号	评价内容	评价标准
1	验收程序操作	操作程序完整、规范
2		操作熟练
3	异常情况处置	处置措施合理、规范
4	验收记录填写	记录填写规范、准确
5	验收结论	验收结论准确

项目三
药品储存养护

任务一　药品储存管理

数字资源

3.2.1　漱玉平民大药房出库单据
3.3.1　东西诊所零货药品出库复核记录
3.4.1　冷链药品交接单
3.5.1　药品库存清单

技能目标

1. 掌握药品入库流程。

2. 能够进行药品在库储存。

3. 能够完成出库发货操作，并做好单据交接管理工作。

4. 能够规范进行拆零药品拼箱操作。

5. 会用保温箱装箱发货，并规范填写冷链药品交接单据。

6. 能够对近效期药品进行催报。

实训 3-1　药品入库存放

情景模拟

本年度 3 月 10 日，晨阳医药有限公司从瑞康医药集团股份有限公司采购的药品在待验区已经验收完毕，均合格，保管员按验收员签字的"药品验收入库通知单"办理药品入库。

操作要求

1. 按照药品的管理类别及储存特性，将验收合格药品分配相应储存库（区），并存放到具体货位上。

2. 在药品入库通知单上填写药品储存的库区、货位号，并在入库通知单上签字及填写当日日期。

材料准备

1. 模拟药品库（区）：常温库、阴凉库、冷库、特殊药品库等。常温库、阴凉库、冷库内分别设整库区和零库区。

2. 货架、货位号。

3. 贴包装图片的模拟药品（实训 2-3 中验收合格的全部药品）。

4. 药品入库通知单，见表 3-1。

表 3-1　晨阳医药有限公司药品入库通知单　　编号：

药品名称	规格	剂型	批准文号	生产企业	药品上市许可持有人	生产日期	生产批号	有效期至	单位	数量	包装规格	存放仓库	货位号	保管员	入库日期

注意事项

1. 保管员要对照入库通知单核对药品，检查药品外包装，这是把住药品入库质量最后一关。

2. 堆放药品时注意轻拿轻放，勿倒置；按照品种、批号分开堆码，避免混淆；包装箱药品信息面朝外，便于识别。

3. 要秉持强烈的责任感和良好的职业修养，核对过程要细致、认真，注意检查药品包装是否存在不牢或破损、标志模糊、质量异常等情况。

4. 注意与验收员及质量管理部门保持良好的沟通。

评价标准

见表 3-2。

表 3-2　药品入库存放评价表

序号	评价内容	评价标准
1	检查药品	检查药品包装是否存在不牢或破损、标志模糊、质量异常等情况
2	药品信息核对	核对入库药品与入库通知单的一致性
3	选择适宜的库区和货位	能按照药品的管理类别及储存特性正确分配各药品相应的储存库（区）
4	入库上架	能正确地将药品从待验区放到满足储存要求的合格品库（区），并分类存放到具体货位
5	填写药品入库通知单	能在药品入库通知单上正确填写药品储存的库区、货位号

实训 3-2　药品出库发货

情景模拟

　　本年度 3 月 12 日，晨阳医药有限公司向漱玉平民大药房连锁股份有限公司销售了 288 盒山东新时代药业有限公司生产的荆防颗粒，开票员根据客户需求开具了药品销售出库单，保管员接到配货发货任务。

操作要求

　　1. 仓库保管员根据药品销售出库单按照规范要求完成拣货配货操作，复核员复核后在 ERP 系统填报自动生成出库复核记录。

　　2. 保管员在随货同行单发货联和客户联加盖企业出库专用章。

　　3. 发货员与配送员做好货物、随货同行单、运输配送单据交接工作，发货员与配送员分别在运输配送上签字，发货员留存运输配送单。

　　4. 随货同行单发货联客户收货签字后，配送员整理留存。

材料准备

　　1. 模拟药品（该药品为实训 3-1 已入库的药品）。

　　2. 药品发货单据，见扫一扫 3.2.1 漱玉平民大药房出库单据。

注意事项

　　1. 注意单据与实物不一致的禁止出库。

2. 出库药品为特殊管理的药品时，由两位复核员共同进行现场复核。

3. 随货同行单一式四联：第一联发货联；第二联客户联；第三联存根联；第四联财务联。

4. 要秉持强烈的责任感和良好的职业修养，核对过程要细致、认真，与质量部门保持良好的沟通。

评价标准

见表 3-3。

表 3-3 药品出库发货评价表

序号	评价内容	评价标准
1	拣货	正确按照药品销售出库单拣取相应品种、数量的药品
2	复核	复核药品的通用名、剂型、规格、生产厂家、药品上市许可人、批号、有效期、数量等
3		麻醉药品、精神药品（第一类、第二类）、毒性药品、蛋白同化制剂、肽类激素类药品需要双人复核
4		存在破损、污染、封口不牢、衬垫不实、封条损坏、包装异常响动或液体渗漏、标志脱落、字迹模糊等异常情况的禁止出库
5	完成出库复核记录	能够正确完成出库复核记录，并在出库复核记录上签字、填写出库日期
6	转移至发货区	复核完毕后的药品放至发货区
7	出库	打印随货同行单，签名并加盖企业出库专用原印章
8	运输配送交接	能够正确完成运输配送交接

实训 3-3 拆零药品拼箱

情景模拟

本年度 3 月 12 日，仓库有 1 笔东西诊所药品销售出库单，为零货药品，保管员已拣选，复核员复核完毕，要进行零货拼箱。

操作要求

1. 请按规范要求完成拼箱操作。

2. 在拼箱专用箱或代用包装箱上粘贴拼箱标识。

材料准备

1. 模拟药品（该药品为实训 3-1 已入库药品）。

2. 药品出库复核记录，见扫一扫 3.3.1 东西诊所零货药品出库复核记录。

3. 塑料袋、瓦楞纸、药品拼箱专用箱或代用包装（4 号箱）。

注意事项

1. 拼箱过程中注意药品与非药品分开、特殊管理药品与普通药品分开、外用药品与其他药品分开、药品液体制剂与固体制剂分开。

2. 放置时注意药品摆放整齐，拼箱完成注意检查拼箱是否晃动，未满箱时需要填充物填充。

3. 注意注明拼箱状态，防止混淆。

4. 要秉持强烈的责任感和良好的职业修养，拼箱过程要细致、认真，要防止搬用和运输过程中因摆放松散出现晃动或挤压。

评价标准

见表 3-4。

表 3-4　拆零药品拼箱评价表

序号	评价内容	评价标准
1	选择拼箱专用箱或代用包装箱	选用的包装箱大小合适、质量完好、干净卫生
2	正确拼箱	能够按要求将药品有效分开
3		要采用无污染的纸板或泡沫隔离
4	药品拼箱标识	粘贴药品拼箱标识
5	放至发货区	拼箱完毕后的药品放至发货区

实训 3-4　保温箱装箱发货

情景模拟

本年度 3 月 15 日，仓库有 1 笔东南医院药品销售出库单，配送药品为冷藏零货药品，保管员已拣选、复核完毕，用保温箱进行装箱发货。发货时间为 10：15，启运温度为 4.3℃。

操作要求

1. 在预冷符合温度要求的保温箱底部、四周各放置 1 块已释冷冰排。
2. 将发货药品按规范要求放置于保温箱内，并完成封箱操作。
3. 填写冷链药品交接单，并在冷链药品交接单上盖出库专用章。

材料准备

1. 保温箱、冰排。
2. 模拟药品（该药品为实训 3-1 入库药品）。
3. 冷链药品交接单，见扫一扫 3.4.1 冷链药品交接单。

注意事项

1. 冷藏药品的装箱、封箱等操作，应由专人负责。
2. 注意装箱前要将冷藏箱预冷至符合药品包装标示的温度范围内。
3. 注意要在冷藏环境下完成冷藏药品的装箱工作。
4. 要秉持强烈的责任感和良好的职业修养，药品装箱后，冷藏箱要及时启动动力电源和温度监测系统。

评价标准

见表 3-5。

表 3-5　保温箱装箱发货评价表

序号	评价内容	评价标准
1	预冷保温箱	需要对保温箱进行预冷操作，将温度预冷至包装标示的温度范围
2	选择冰排	选择适合的冰排类型及数量，按照要求进行摆放
3	放入隔离设施	保温箱如果没有隔离装置，需要在冰排的周围放置隔离设施、温度探头
4	放置药品及温度探头	放置药品时，不能与冰排直接接触，温度探头放置于药品上

序号	评价内容	评价标准
5	封箱	装箱完毕后,盖好保温箱箱盖
6	填写冷链药品交接单	冷链药品交接单填写要完整,如启运时间、启运温度及发货人等不要遗漏
7	冷链交接单上盖章	需要在冷链药品交接单上盖出库专用章

任务二　药品养护

1. 掌握药品养护方法、养护内容。
2. 熟悉养护检查异常情况处理程序。
3. 了解药品的养护措施。
4. 会确定重点养护品种、制订养护计划,并对库存药品进行质量检查、近效期药品催报。
5. 能指导保管员对药品进行合理储存与作业,以及不合格药品报告处理。

实训 3-5　重点养护品种确定

情景模拟

本年度1月,养护员根据公司药品库存清单,结合经营药品的品种变化,分析需要重点养护的品种,确定了本年度重点养护药品品种。

操作要求

1. 查看药品库存清单,根据重点养护品种确定原则,确定重点养护品种。
2. 填写重点养护品种确定表。

材料准备

1. 药品库存清单,见扫一扫 3.5.1 药品库存清单。
2. 重点养护品种确定表,见表 3-6。

表 3-6　重点养护品种确定表

编码：　　　　　　　　　　　　　　　　　　　　　　时间范围：

序号	品名	剂型	规格	批准文号	生产厂家	药品上市许可持有人	生产日期	生产批号	有效期至	确定时间	确定理由	养护重点	备注

养护员：　　　　　　　　　　　　　　质量管理部门意见：（盖章）

注意事项

1.填写药品信息时需要仔细核对药品名称、规格、生产企业、数量、批号、有效期等详细信息。

2.认真贯彻执行企业制定的质量管理制度，坚持"预防为主"的原则，按照药品性能和储存条件的要求，准确确定重点养护品种，便于采取正确有效的养护措施，确保储存中药品的质量。

3.加强对药品养护专业知识及技能的积累和培养，正确完成重点养护品种确定工作。

评价标准

见表 3-7。

表 3-7　重点养护品种确定评价表

序号	评价内容	评价标准
1	确定重点养护品种	能准确找出重点养护品种
2	填写重点养护品种确定表	能规范填写重点养护品种确定表,不漏项
3		重点养护品种确定理由判断正确
4		养护重点填写正确

实训 3-6　药品养护检查

情景模拟

本年度 3 月 20 日上午，养护员进行库区养护巡视检查和存储区温湿度自动监控系统检查，一切正常，没有发现异常情况。按照计算机系统自动提示对 1 个重点养护品种进行抽样检查、2 个常规养护品种进行常规检查，药品检查均合格。

养护员对阴凉库、冷库的库存药品进行第一季度的第三次养护检查，并填写常规养护药品在库养护检查记录、重点养护品种药品在库养护检查记录。

操作要求

1.根据库区巡视和温湿度检查情况填写药品养护巡查记录表。

2.根据药品养护检查情况填写药品养护检查记录表。

材料准备

1.养护检查品种，见扫一扫 3.5.1 中序号 1 品种，数量 400 盒；序号 3 品种，数量 200 盒；序号 4 品种，数量 400 盒。

2.药品养护巡查记录表，见表 3-8。

3.药品养护检查记录表，见表 3-9。

表 3-8　药品养护巡查记录表

日期：　　年　月　日　　　　　　　　　　养护员：

仓库卫生环境是否符合要求	□是 □否	阴凉库温度/湿度	冷库温度/湿度			仓库储存条件是否符合要求	□是 □否
药品分类分库存放是否符合要求	□是 □否	库存药品堆放是否符合要求	□是 □否	防护措施是否齐全	□是 □否	仓库设施设备是否运行正常	□是 □否	养护检查数量	（　　）个品种共（　　）批次

表 3-9　药品养护检查记录表

日期：　　年　月　日　　　　　　　　　　养护员：

药品名称	规格	剂型	批准文号	生产企业	生产日期	生产批号	有效期至	单位	数量	存放库区	货位号	养护措施	质量情况	处理意见	备注

1.养护员对零货区药品进行养护检查时,重点检查药品外包装是否有挤压、破损、漏液、变色、封签不牢等情况;对整件药品进行养护检查时,养护员需要按照抽样原则对整垛药品进行抽检,检查内容与验收要求一致。

2.养护员检查需要做好记录,做到边检查边整改,发现问题及时处理,切实履行养护员工作职责。

评价标准

见表 3-10。

表 3-10　药品养护检查评价表

序号	评价内容	评价标准
1	库区养护巡查	巡查检查项目全面
2		巡查检查记录表填写规范、准确
3	药品养护检查	药品养护检查项目全面
4		药品养护检查记录表填写规范、准确

实训 3-7　养护检查异常情况处理

情景模拟

本年度 6 月 2 日下午 3 点,在连续 2 周高温天气后,养护员在进行在库养护检查过程中,发现阴凉库药品储存环境温度达到 21℃,超出了规定范围,立即采取有效措施进行调控,防止温度超标对药品质量造成影响。

操作要求

1.排查温度超限原因。

2.采取相应措施,使库房温度保持在正常范围内。

3.正常范围记录时间 0.5h 后,复查一次,并做好记录,注明记录的时间。

4.填写温湿度异常情况处理记录。

材料准备

温湿度异常情况处理记录表,见表 3-11。

表 3-11　温湿度异常情况处理记录表

序号	报警日期及时间	库区	报警测点	报警温度(℃)	报警相对湿度(%)	调控措施	完成时间	调控后的温度(℃)	调控后的相对湿度(%)	温湿度超标总时间(h)	处理及记录人	备注

注意事项

1. 针对温湿度出现的异常情况查明原因,制定预防措施,确保储存药品质量。

2. 养护员应对发现的问题进行认真分析,按照质量管理部的要求采取措施,对质量管理过程实施改进。

评价标准

见表 3-12。

表 3-12　养护检查异常情况处理评价表

序号	评价内容	评价标准
1	排查温度超限原因	能正确找到温度超限原因
2	采取养护措施	能采取正确的养护措施
3		完成复查温度的操作
4	填写温湿度异常情况处理记录	能正确、规范填写记录表

实训 3-8　近效期药品催报

情景模拟

本年度 3 月,养护员在进行每月在库养护检查过程中,发现有 1 批次药品有效期不足 6 个月,养护员需要对该批药品进行预警,并完成近效期药品催报工作。

操作要求

1. 检查近效期药品的外观有无异常。

2.填报近效期药品催销月报表一式四份,上报质量管理部、采购部、销售部、财务部。

3.悬挂近效期药品警示牌或计算机系统设置颜色。

4.催销后按照每月的间隔周期跟进检查近效期药品质量情况和销售情况。

材料准备

1.近效期药品品种,见扫一扫 3.5.1 中序号 3 品种,数量 200 盒。

2.近效期药品催销月报表,见表 3-13。

表 3-13   近效期药品催销月报表

年   月   日

品名	规格	剂型	生产厂家	药品上市许可持有人	单位	数量	单价	金额	批号	有效期至	货位名称	备注

保管员: 储运部负责人: 质管员:

注意事项

1.对近效期药品要及时预警并开展近效期药品催报工作,确保药品质量。

2.对近效期药品需悬挂醒目警示牌,避免药品过期。

3.杜绝将过期药品销售给购货单位而产生质量责任事故。

评价标准

见表 3-14。

表 3-14   近效期药品催报评价表

序号	评价内容	评价标准
1	检查近效期药品质量	是否正确规范有检查药品外观质量
2	近效期药品催销	能正确填写近效期药品催销月报表
3		准确向相关部门进行催报

实训 3-9   不合格药品处理

情景模拟

本年度 6 月,连续 2 周高温天气,公司养护员在进行在库养护检查过程中,发现阴凉库零库中 1 个批次药品中有 20 盒发霉。经查,屋顶局部渗水,导致该药品受潮发霉。

1.养护员对发现质量问题的药品立即悬挂醒目的黄色标牌,并在计算机中锁定。

2.填写药品质量复查通知单,上报质量管理部门核实、确认。

3.质量部经核实确认将存在质量问题的药品移入不合格品区。

4.按不合格药品处理过程进行报损和销毁处理。

材料准备

1.发霉药品为扫一扫 3.5.1 中序号 6 品种,该批次药品数量 120 盒。

2.色标管理标识牌:不合格区、暂停发货。

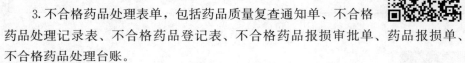

3.不合格药品处理表单,包括药品质量复查通知单、不合格药品处理记录表、不合格药品登记表、不合格药品报损审批单、药品报损单、不合格药品处理台账。

注意事项

1.养护员对养护过程中发现的药品质量问题,应当及时在计算机系统中锁定和记录,暂停发货,上报质量管理部进行处理。

2.不合格药品处理涉及岗位多,应分清不同岗位的质量责任。

评价标准

见表 3-15。

表 3-15　不合格药品处理评价表

序号	评价内容	评价标准
1		能正确选择标识牌并悬挂
2	处置措施	能够上报质量管理部门
3		能够正确进行药品存储区域转移
4	岗位职责判断	能够分清不同环节所归属的岗位
5	记录填写	能够正确、规范填写不合格药品处理过程的表单

任务三　盘点管理

技能目标

1. 能正确进行盘点工作，会填制相关表格。
2. 能对盘点差异进行调整，会填制相关表格。

实训 3-10　库存盘点

情景模拟

　　上年度 12 月底，仓库进行年底库存盘点。按照公司要求本次盘点采取地毯式盘点方法，需要进行初点（盘）、复点（盘）、抽点（盘）。在复盘中发现扫一扫 3.5.1 中序号 2 品种比库存数量少 4 盒、序号 6 品种比库存数量多 6 盒。

操作要求

　　1. 确定盘点负责人，划分盘点人员位置、初盘、复盘、抽盘人员名单，每位参加盘点人员明确自己的盘点责任区。

　　2. 两人一组，按照盘点的要求及盘点操作规范进行初点（盘）、复点（盘）、抽点（盘）。

　　3. 填写商品盘点表。

　　4. 盘点负责人收回盘点表，检查盘点表张数、签名有无遗漏，并加以汇总。

材料准备

　　1. 模拟药房库区：要求各区域功能划分明确。

　　2. 货位号：每种剂型一个货位号。

　　3. 盘点工具：红色及蓝色圆珠笔、垫板、计算器。

　　4. 药品库存表，见扫一扫 3.5.1 药品库存清单。

　　5. 药品盘点表，见表 3-16。

表 3-16　药品盘点表

　　　　　　　　　　　　　　　　　　　　　　　年　　　月　　　日

货号	品名	规格	生产企业	批号	数量	复点	抽点	差异

初点：　　　　　　　　复点：　　　　　　　　抽点：

1.盘点时应顺便检查商品的有效期，过期、破损商品应立即取下，并做记录，统一收集以便处理。

2.盘点不同特性的商品时，应注意不同计量单位。

3.每一货架盘点后在合计与单位的空白栏间，从右上至左下画斜线，并在抽点栏签名，以发挥确实核对的作用。

4.要秉持严谨的工作态度，盘点表上的数字书写要注意正确性及清晰性，盘点时写错的数字不能在盘点表上用涂改液等涂抹，可将原数据划掉，重新书写并在修改处签名确认。

评价标准

见表 3-17。

表 3-17　库存盘点评价表

序号	评价内容	评价标准
1	工作态度	小组团结合作
2	盘点前	盘点人员到位
3	盘点作业	盘点顺序按区域逐架、逐排从左而右、从上而下
		盘点清点进行初点、复点，分别标记
4	盘点后	盘点单全部收回填写盘点表
		检查盘点单签名
		检查盘点单上商品数量及单位
		进行盘点作业场面清理

实训 3-11　报损报溢处理

情景模拟

实物盘点结束，对实训 3-10 中库存盘点差异进行调整。

操作要求

1.保管员填报药品报损/报溢报告单（表 3-18）。

2.进行报损报溢审批。

3.根据报损报溢数量，调整库存。

表 3-18 药品报损/报溢报告单

填表人：　　　　　填报日期：　　年　　月　　日　　　　　No：

序号	品名	规格	单价	盘点结果				原因
				盘亏		盘盈		
				数量	金额	数量	金额	

仓储部负责人：　　　　　质量部负责人：　　　　　企业负责人：

注意事项

1. 商品报损报溢结果只要在合理范围内应视为正常。
2. 报损报溢单经过审批后才会生效。

评价标准

见表 3-19。

表 3-19 报损报溢处理评价表

序号	评价内容	评价标准
1	报损报溢表填写	表格填写规范
2		计算机结果准确
3		签字齐全
4	库存增减	库存增减准确

项目四
药品陈列

任务一　药店布局

技能目标

1. 会查阅资料掌握药店布局的原则。
2. 能制定药店布局设计操作步骤。
3. 能根据 GSP 要求划分药店各功能区域，并分配各区域大致面积。
4. 能列出药店布局所需设施、设备名单。
5. 能根据药店经营范围，结合 GSP 要求和营销理论合理设计各设施、设备摆放位置，画出药店布局图。
6. 能总结操作过程中各种问题，提出改进意见和注意事项。

实训4-1　药店布局实训

情景模拟

某大型居民小区主大门口一侧要开办一家中型零售药店，门店实用面积 165m^2，《药品经营许可证》经营范围：中药饮片、中成药、化学药制剂、抗生素制剂、生化药品、生物制品、精神药品（限二类）。另外还可以经营 I 类及 II 类医疗器械、保健食品、消杀类产品、化妆品。

操作要求

1. 请根据药店面积和经营范围合理划分区域，结合 GSP 要求和磁石点理论合理分配各区域所占面积比例，设计各设施、设备摆放位置，画出药店布局图。

2.药店布局要合理设置药品区、非药品陈列区、收银区、患教区、辅助区。

3.列出药店布局所需设施、设备名称。

材料准备

1.空白 A4 纸、碳素笔、彩笔、绘图铅笔、橡皮、尺子。

2.可上网查阅资料的电脑或手机。

注意事项

1.注意考虑各类区域放置物品的数量和体积，合理分配面积。

2.各设施摆放要考虑磁石点理论，保证消费通道连续、通畅。

3.设施、设备的使用、布局设计必须严格遵守法律法规要求。

4.要主动探究学习、小组合作学习，平时注意实地考察、了解零售药店经营状况，同学之间多交流讨论，共同团结合作完成学习任务。

评价标准

见表 4-1。

表 4-1　药店布局评价表

序号	评价内容	评价标准
1	药店布局图设计	合理分配各区域面积
2		店内各功能区域、通道布局合理，顾客行走通畅，咨询、购物、付款方便
3		布局图设计美观、清晰
4	设施设备配备	所列设施、设备齐全、准确

任务二　药店陈列

技能目标

1.掌握药品分类陈列的 GSP 要求。

2.掌握药品按功能分类陈列。

3.熟悉磁石点药品陈列技巧。

4.能正确检查药品陈列是否符合 GSP 要求和陈列原则。

实训4-2　药品分类陈列

在规定时间内，按照 GSP 的规定以及药品分类存放的原则，将 50 个药品分区分类正确摆放在货架内。

操作要求

按照 GSP 的规定以及药品分类存放的原则，将药品分区分类正确摆放在货架内。

材料准备

1. 分区分类标识牌：处方药区、含麻含特复方制剂、拆零药品、冷藏药品、阴凉药品、非药品。

处方药区：抗感染药（抗微生物药）、抗寄生虫药、解热镇痛抗炎药、抗痛风药、神经系统用药、精神障碍用药、呼吸系统用药、消化系统用药、循环系统用药、泌尿系统用药、血液系统用药、激素及内分泌用药、抗变态反应药（抗过敏药）、皮肤科用药、五官科用药、儿科用药、妇产科用药。

非处方药区：抗寄生虫药、解热镇痛抗炎药、呼吸系统用药、消化系统用药、泌尿系统用药、血液系统用药、抗变态反应药（抗过敏药）、维生素、矿物质类药、皮肤科用药、五官科用药、儿科用药、妇产科用药。

2. 药品：①维 A 酸乳膏；②盐酸吗啉胍片；③磺胺嘧啶银乳膏；④甘草酸二铵肠溶颗粒；⑤金康普力片；⑥桉柠蒎肠溶软胶囊；⑦去氧孕烯炔雌醇片；⑧格列吡嗪缓释片；⑨萘普生胶囊；⑩复方盐酸伪麻黄碱缓释胶囊；⑪醋酸甲萘氢醌片；⑫胰激肽原酶肠溶片；⑬盐酸曲美他嗪片；⑭维生素 B_{12} 片；⑮贝前列素钠片；⑯盐酸坦索罗辛缓释胶囊；⑰甲硝唑阴道泡腾片；⑱盐酸左旋咪唑片；⑲门冬胰岛素注射液；⑳盐酸赛庚啶片；㉑盐酸氨基葡萄糖胶囊；㉒雌二醇片；㉓甲钴胺片；㉔小儿氨酚黄那敏颗粒；㉕普萘洛尔片；㉖双歧杆菌三联活菌散；㉗盐酸环丙沙星滴眼液；㉘异烟肼片；㉙磷酸哌嗪宝塔糖；㉚护肤甘油；㉛右美沙芬愈创甘油醚糖浆；㉜甲磺酸倍他司汀片；㉝硫酸特布他林片；㉞黄体酮胶囊；㉟多维元素片；㊱维生素 B_6 片；㊲早早孕检测试纸；㊳尿素软膏；㊴盐酸阿夫唑嗪缓释片；㊵磷酸奥司他韦颗粒；㊶吡拉西坦片；㊷盐酸苯环壬酯片；㊸苯磺酸左旋氨氯地平片；㊹复方甘草片；㊺蜂胶软胶囊；㊻柳酚

咖敏片；㊼羧甲司坦片；㊽马来酸依那普利片；㊾铝碳酸镁片；㊿替普瑞酮胶囊。

注意事项

1.包装易混淆的药品应分隔摆放。

2.药品不得倒置，多剂量液体制剂应直立放置。

评价标准

见表 4-2。

表 4-2　药品分类陈列评价表

序号	评价要素	评价标准
1	分区分类摆放	分区分类摆放准确
2		分区分类要求主要以药品的作用用途进行摆放
3	整齐摆放	同一种药品摆放在一起,近效期在前
4		药品正面摆放朝前,不得倒置
5		超过 50ml 的液体制剂要立放
6		包装相似或者易混淆的药品要分隔摆放
7	完成时间	规定时间内完成药品陈列

实训 4-3　磁石点陈列

情景模拟

有一家 120m² 的社区零售药店，南面是沿街的店面，店面布局见图 4-1：三面靠墙的背柜高 1.8m（含 6 层陈列架），中间两排开架的货架，高 1.5m（含 4 层陈列架），左下角有一个收银台。现在是冬季的一天，天气寒冷，店长需要对药店内指定商品进行磁石点陈列。

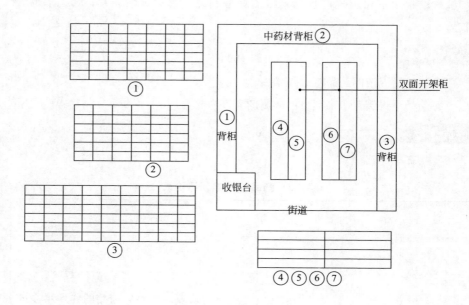

图 4-1 社区零售药店布局

根据给定的地点背景、社区药店布局，结合季节，对给定的医药商品进行磁石点陈列。

材料准备

需要陈列商品：解热镇痛药、抗生素、止咳化痰药、消化系统药品、抗高血压药、调血脂药、糖尿病药品、维生素与矿物质、滋补保健中药、妇科药品、儿童药品、外用风湿类贴膏、五官科药品、滋润护肤化妆品等。

注意事项

1.包装检查要严谨、认真，要求有拿起至少一个以上的药品，360°旋转检查外包装的动作。

2.陈列过程中，严格按照 GSP 规范的要求，逐个检查所属商品类别，做好归类。

3.要秉持实事求是的职业道德，遇到疑义时，要多查询相关资料，避免在不确定的情况下，只凭主观意识做出判断。

4.要具备主动探究学习意识和信息素养，及时了解行业新技术、新规范，保持职业适应性。

见表 4-3。

表 4-3　磁石点陈列评价表

序号	评价内容	评价标准
1	商品季节性分析	会分析应季商品、畅销商品、一般商品等
2	磁石位置确定	位置选择合理、准确

实训 4-4　药品陈列检查

　　"康泰大药房"在本市的第十二家连锁药店明天就要开业了，店长正在做药品陈列的最后检查，发现有以下情景，请帮助店长判断药品陈列是否存在错误。

情景一

情景二

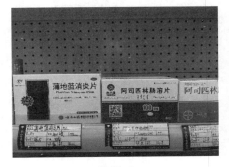

情景三

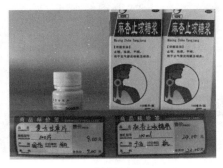

情景四

情景五

情景六

情景七

情景八

情景九

情景十

操作要求

1. 请判断十个药品陈列情景中是否存在错误。
2. 讨论陈列错误的原因，并对错误进行整改。
3. 完成陈列场景分析表格，见表 4-4。

表 4-4　陈列场景分析表

场景	是否存在错误	判定错误的原因	整改的措施
情景一			
情景二			
情景三			
情景四			
情景五			
情景六			
情景七			
情景八			
情景九			
情景十			

注意事项

1.药品陈列应遵循易见易取原则、先产先出原则、先进先出原则和满陈列原则。

2.应准确核对价签和药品的对应信息。

3.强调《药品经营质量管理规范》的重要性，树立和强化提高经济效益必须建立在合法合规基础上的思想。

评价标准

见表 4-5。

表 4-5　药品陈列检查评价表

序号	评价内容	评价标准
1	GSP 陈列要求	符合规范要求
2	一般性原则	药品正立面朝外,不得被其他商品挡住视线
3		50ml 以上的液体制剂应正立放置
4		药品应前置陈列
5		价签和药品应一一对位,并核对准确

项目五
顾客服务

任务一　顾客接待

技能目标

1.具备良好的人文素养、规范的仪容仪表与服务礼仪，能服务不同类型顾客。

2.具备相关专业知识和技能，有为顾客提供科学用药指导和咨询服务的能力。

3.具备良好的沟通技巧，能准确把握不同类型顾客的需求并为其提供合理的服务。

4.能灵活运用"顾客服务五步法"进行服务。

操作要求

分析给定的案例情景，根据提供的店员和顾客语言、动作提示，按照顾客接待服务流程，将省略号部分进行完善，模拟出合理的顾客接待过程。

注意事项

1.以顾客为中心，真诚、热情待客。

2.服务礼仪符合规范要求，使用服务文明用语。

3.保持专注和倾听的态度，耐心询问和回答顾客问题。

4.讲解要科学、准确、易懂。

5.服务流程要完整规范。

见表 5-1。

表 5-1　顾客接待评价表

序号	评价内容	评价标准
1	仪容仪表仪态	仪容整洁,仪表端庄,仪态得体,表情自然,面带微笑
2	沟通表达	亲切,诚恳,普通话流利
3	服务用语	文明、专业、简洁、易懂
4	服务接待	针对不同类型顾客,能正确有序服务,耐心询问和回答顾客问题
5	服务程序	是否灵活运用"顾客服务五步法",程序有序、完整、无误
6	专业能力	专业知识正确,解答顾客疑问专业

实训 5-1　理智型顾客接待

情景模拟一

店员小李站在柜台前,开始接待顾客。一位戴眼镜的孕妇因吃龙虾后出现腹泻走进店里购买诺氟沙星。

店员 (可通过言语、动作行为完成任务)	顾客
店员小李立刻整了整工作服衣领和胸牌,赶忙迎上去,微笑说道:"您好,欢迎光临!脚下注意安全!我们店有沙发,您先坐一会。您有什么需要想看的,请告诉我,我帮您拿!"(照顾孕妇行动不便)	顾客在药店环顾看了一会儿,走到抗生素柜台,指着诺氟沙星胶囊说:"我最近吃了小龙虾拉肚子,我要买点诺氟沙星胶囊,以前医生给我开过,我用着蛮好的。"
"您怀孕几个月啦?您拉肚子有哪些症状,大便什么颜色的,次数多么?有没有其他症状?有过敏情况吗?您有没有医生开具的处方或者病历?"	"没有处方,这个药我以前一拉肚就吃它,效果不错。最近吃了小龙虾,每天都拉稀便二三次,大便呈黄色,没有发热症状,身体也没其他不适。"

店员 （可通过言语、动作行为完成任务）	顾客
小李拿着诺氟沙星胶囊给顾客并说："急性腹泻的原因……急性腹泻的治疗方案……诺氟沙星的作用机制以及适应证……它的不良反应与禁忌……诺氟沙星胶囊不宜用于孕妇。"	"那我换个复方黄连素试试吧，复方黄连素是用于肠道感染的。"
"复方黄连素作用机制以及适应证……黄连素的使用必须要在医生指导下使用。"	"这样呀，那我应该吃什么药合适呢？"
"蒙脱石散商品名思密达，双歧杆菌三联活菌散商品名培菲康，作用机制以及适应证……建议您用培菲康和思密达，对孕妇而言，非常安全。"	"思密达和培菲康，两个都是治疗拉肚的，不是重复吃药了吗？"
"它们联用对轻型腹泻效果更明显，不属于重复用药。"	"思密达和培菲康怎么吃？"
"思密达、培菲康的服用方法……贮藏方法……"	"那我现在还不回家，路上没有冰箱，温度没有保证，我还是先不买了吧。"
小李笑着说："我为您提供冷链药品专用冰包和冰块设施将药安全带回家（在途可以确保2～8℃保持1～2h），回家后务必第一时间放冰箱冷藏区，冷藏为冰箱2～8℃区域哦。"	"好的，谢谢你！培菲康和思密达各要一盒吧。"
"您好！这是您的卡和小票，请查收好。这是我们药店的名片，我是执业药师，你有什么疑问或需要可随时来电咨询我们，服药期间一定要多补充水分。服用2～3天后症状未改善，请记得及时去医院就诊哦！" **"温馨提示**：孕期属于特殊时期，用药宜慎重，平时要注意食品安全。祝您早日康复。"	"好的。谢谢！"

情景解析

　　本情景中店员通过与顾客交流，以孕妇为特殊人群，用药应该严格规范，以适合孕妇健康安全为核心，用专业的知识、耐心的讲解，让顾客体会药物的安全性、有效性以及药品不良反应与禁忌，对店员的专业知识和服务态度产生信任，成功购买了药品。

　　某日上午，刚入职的小王正在药店里忙活，整理药品，擦拭柜台，一位女顾客走进药店的外用药品柜前，东瞧瞧西瞧瞧，左挑右选，拟购买达克宁乳膏。

店员 （可通过言语、动作行为完成任务）	顾客
小王立刻整了整工作服衣领和胸牌，赶忙迎上去，笑着说："您好！有什么可以帮助您的？"	"我的脚特别痒，脱皮，有水疱，是脚气。买支达克宁（硝酸咪康唑乳膏）软膏。"
"脚部瘙痒的常见原因……选用达克宁软膏很不错的。"	"现在就在用达克宁，家里一支快用完了，再买一支。"
"好的，快用完一支啦，那用药有十几天了吧？感觉效果怎么样啊？症状有缓解吗？"	"达克宁用了有二十几天了，还行吧，用了瘙痒就好点，不用痒得就厉害。我这个病老是复发，之前用达克宁效果还挺好的，一用症状就好了，瘙痒好了我就没用，但是这次用的效果就没有之前好，用了仍然瘙痒。"
"您这种情况可能与药物产生耐药性相关，我建议您换另一种药试试看。如盐酸特比萘芬乳膏、消炎癣湿药膏。"并将这两种药膏取出递给顾客。	"好的，那我自己看看。"拿起达克宁看说明书，详细看。顾客又看了看盐酸特比萘芬乳膏、消炎癣湿药膏。
"您先认真看，有什么需要帮忙的，随时问我。"店员近距离观察顾客，依然保持微笑。	转头问店员："盐酸特比萘芬乳膏、消炎癣湿药膏这两个药哪个效果好啊？"
"硝酸咪康唑乳膏商品名达克宁，盐酸特比萘芬乳膏作用机制以及适应证……消炎癣湿药膏药物组成、功效……"	"盐酸特比萘芬乳膏和消炎癣湿药膏，要用多长时间有效果啊？"
"以上药物的使用、贮藏方法……" "一定要按疗程使用，不得随意停药。"	"那好，我拿一支盐酸特比萘芬用用看。用药有什么要注意的吗？"
"使用该药物的注意事项……症状消失后应继续用药10天，以防复发。"	"好的，谢谢哦，那帮我拿袋棉签。我脚痒得厉害，脚气是很顽固的。"

店员 （可通过言语、动作行为完成任务）	顾客
"脚痒得厉害的话，消炎癣湿药膏可以搭配与特比萘芬软膏一起使用。"	"那我两种药膏一起用吧。"
"您好！这是您的票据请查收好。这是我们药店的名片，我是执业药师，你有什么疑问或需要可随时来电咨询我们，外用1～2周后症状未改善，请记得及时去医院就诊哦！" **温馨提示**：真菌易通过接触传染，需要注意不要与他人共用个人生活用品，穿的袜子要每天换洗、晾晒消毒，鞋子也要定时通风、晾晒。患病期间不要用手接触患病部位。祝您早日康复。"	"好的，那我要注意个人卫生，按时用药，希望尽快好起来。谢谢你。"

情景解析

顾客需求非常明确，目标感很强，顾客本身对脚气也很了解，这就是理智型顾客的典型特征。本情景中店员可通过顾客表述情况，抓住顾客药物使用不规范、可能产生耐药性的问题，通过专业、耐心的讲解，本着缓解患者疾苦为原则，提出新的治疗方案让顾客更换药膏，来达到治疗的效果。

实训 5-2　习惯型顾客接待

情景模拟一

某日下午，店员小王正在柜台前整理药品。一位男士走进店内。因母亲腰腿痛、缺钙，长期服用碳酸钙 D_3 颗粒，欲购碳酸钙 D_3 颗粒。

店员 （可通过言语、动作行为完成任务）	顾客
小王立刻整了整工作服衣领和胸牌，赶忙迎上去，笑着说："您好！有什么可以帮助您的吗？"	"您好！我想给家里老人买一些补钙的品种，一直在吃补钙颗粒。"
"您家里老人一直在吃什么品牌的补钙产品啊？效果如何？"	"家里老人一直吃的碳酸钙颗粒，他已经习惯了，也没什么特别的效果，有时仍有腰腿痛症状。"

店员 （可通过言语、动作行为完成任务）	顾客
"是这样啊，老年人因为年龄的因素容易患骨质疏松，必须要补钙，在他补钙的同时，可以考虑服用中成药，中药治疗老年骨关节疾病很有优势，其通过温补肾阳、强筋健骨，还能改善老人缺钙的症状，如腰腿酸痛。"简要介绍仙灵骨葆胶囊的功效、适应证、不良反应、禁忌……	"那这个药品一般老人都能服用吗？不会有什么不良反应吧？我有点担心。"
"仙灵骨葆胶囊是中成药，比较安全的，但服用时也要注意……"	"那服药期间有什么注意事项吗？"
"补钙是一个长期的过程，建议按疗程服药。吃完看看老人家的症状是否有所缓解。如果没有缓解建议到医院就诊。"	"喔，明白了。那我先买两盒吧！"
"温馨提示：老人家由于肠胃不好，建议少食多餐，多喝牛奶、多吃海产品等富含钙的食物。生活中注意安全，不要跌倒。"	"好的，那我去买罐中老年奶粉给老人家喝。"
"可以的。这是我的名片，有什么需要可以随时打电话给我。这是您的药，拿好，请慢走！"	"好的，谢谢了！再见！"

情景解析

本情景中店员通过与顾客交流获知顾客因缺钙导致腰腿痛长期服用碳酸钙 D_3 颗粒补钙，但其腰腿疼痛症状基本没有改善，以缓解顾客疼痛症状为核心，建议顾客采取中西药联合治疗，发挥中医药在老年骨关节病方面的优势，顾客听取意见，并达成购买。

情景模拟二

某药店，店员小李正在整理药品，这时走进一位老人家。因老人出现头晕耳鸣、腰膝酸软、体内潮热、口渴等，长期服用六味地黄丸，现欲再次购买六味地黄丸。

店员 （可通过言语、动作行为完成任务）	顾客
小李立刻整了整工作服衣领和胸牌，赶忙迎上去，笑着说："老先生，您好！有什么可以帮助您的吗？"	"你好！小同志，我最近感觉头晕耳鸣、腰膝酸软的，以前也有过，吃过六味地黄丸，感觉有点效果，今天我还想买两盒。"
"好的，您过去吃的是哪一种啊？"	"就是那个一粒一粒的小丸子的，好像每次要吃好多粒。"
"喔，您看是这种吗？这种是一日 3 次，每次 6 克（大约 30 丸）。"	"对，就是这种。"
"老先生，您现在可以试试这种浓缩丸，它是一种新剂型，新剂型与传统剂型的比较……浓缩丸服用量小，服用更方便，特别适合老年人使用。"	"喔，还有浓缩丸？以前也没注意。我本身就不喜欢吃药，每次那么多丸子要分好几次才能吞下去，很困难。"
"那您这次改服这个浓缩的，要方便多了。"详细介绍服用方法、注意事项、不良反应……	"那这个服用有什么注意事项吗？" "好的，小姑娘，你真的很专业啊！我就相信你了，这次就换这个浓缩的试试看。"
"老先生，谢谢您的夸奖。您可以先拿一个疗程的，服用完，您可以再来找我。"	"好的，那就来一个疗程吧！"
"好的，这是您的药。这张名片上有我的联系电话，有什么问题，您可以随时联系我啊！"	"好的。谢谢你，小姑娘！"
温馨提示：老先生，平时要注意监测血压，血压高也会导致头晕的。 "老先生，您慢走啊！"	"好的，再见！"

情景解析

在接待习惯型顾客时，可以告知顾客想购买的品种有其他更好的产品替代，如新药物、新剂型、价格划算等来改变顾客的习惯。切记不可不顾顾客的反应，一味地推荐商品，以免造成顾客的反感。

实训 5-3　经济型顾客接待

某药店会员日，一位顾客走进药店，看看这个，看看那个，想购买一些感冒类常用药品贮藏在家，以备用。

店员 （可通过言语、动作行为完成任务）	顾客
店员小李立刻整了整工作服衣领和胸牌，赶忙迎上去，微笑问道："您好！请问有什么可以帮您的吗？"	"我想买点感冒药。"
"请问您有哪些不舒服的症状？"	"看到今天是药店会员日，想买点感冒药在家里备着。"
"好的，我给您拿出这几种看看好吗？"店员从柜台拿出几种常用感冒药给顾客推荐。	"你推荐的这几种感冒药，哪个是专门给儿童用的？"
"儿童常用的感冒药主要有小儿感冒清热颗粒、小儿氨酚黄那敏颗粒等。"介绍这些药的药物组成、功效、适应证、不良反应……	"那成人用的感冒药又有哪些？"
"成人常用的感冒药主要有感冒灵颗粒、新康泰克、维 C 银翘片、氨咖黄敏胶囊、感康胶囊、板蓝根颗粒等。"简要介绍这些药的药物组成、功效、适应证、不良反应……	"治疗感冒用中成药好还是西药好？"
"治疗感冒以缓解感冒的症状为主，中药和西药各有所长，西药以缓解症状为主，中药以清热解毒、祛风解表为主。所以选药时最好针对感冒导致的具体症状，因人因症有针对性地选择。"	把几种感冒药都放在柜台上，继续问："还有没有性价比更高的？"
"今天是会员日，如果您是会员，新康泰克、三九感冒灵颗粒、维 C 银翘片、速效感冒胶囊这几种药物都可以享受 8.5 折扣，性价比较高。"	"哦，那挺好啊，我打算备些成人感冒药，哪两种最便宜？"
简要介绍两种新康泰克、三九感冒灵颗粒的作用机制、适应证、不良反应…… "这两种药因疗效确切、药品安全性高，均是家庭常备的感冒药。"	"好的，这到时候怎么用啊？"

店员 （可通过言语、动作行为完成任务）	顾客
小李拿着顾客选定的感冒药,简要介绍服用方法、注意事项、禁忌……"记住不得超量服用哈,使用之前请认真阅读说明书。" "感冒类药的贮藏应该放在阴凉、通风、干燥处。" **温馨提示**:用药期间多喝白开水,清淡饮食,保证足够的睡眠,如用药 3～7 天症状未缓解,请咨询医师;症状加重,请及时就医。感冒药用于疾病的治疗,不得用于感冒的预防。"	"好的,通过你的介绍,我才知道原来感冒药也需要对症吃药啊,长知识了,谢谢！再见!"

情景解析

　　本情景中店员通过顾客希望在会员日购买药品以及在选择药品时对价格的关注,确定顾客属于经济型顾客。在一系列的比较过程中,店员始终耐心等待,择时给顾客说明药品的疗效、安全性来淡化价格,并在"拣"字上下功夫,让顾客挑到满意的药品。

情景模拟二

　　清晨,某药店内,店员小张正在清洁柜台,一位中年女性顾客走入药店,径直走向保健品柜台,想购买保健品送朋友。

店员 （可通过言语、动作行为完成任务）	顾客
店员小张走到跟前打招呼说:"您好！请问您需要什么,我拿给您看。"	"我想买点保健品送给女性朋友,既要有良好的效果,又显档次,但不能太贵。"
"中年女性由于工作压力大,一般饮食、睡眠不好,面色不红润,对补充维生素、滋补美容方面的产品感兴趣,您看这款维生素类如何?"	"那主要给中年女性用的保健品还有哪些?"
小张又拿出另一种包装较好的维生素,说:"那这款呢,它的价格要高一些。"	"这个包装太普通了,不显档次。"

店员 （可通过言语、动作行为完成任务）	顾客
"保健品种类多,厂家多,购买时要考虑厂家、原料、功能、适应人群、不良反应,常用的有阿胶、蛋白质粉、补钙类、深海鱼油、维生素类、氨基酸等。"	"我需要送人,不要那种包装太简陋的,你给我推荐两种吧。"
"您可以看看这款阿胶,"介绍阿胶的功效与主治,"长期服用有滋补气血、美容养颜的效果,特别适合送中年女性朋友。" "蛋白质粉也不错,"简要介绍蛋白质粉的原料、保健作用和适应人群…… "这两款产品都有精美包装盒,属于高档保健品,非常符合您的要求。"	"听你这么讲解,感觉阿胶和蛋白质粉还不错,能增强体质,包装也高档,送人合适。"
"是的,有不少女性顾客到药店来选购阿胶、蛋白质粉的。"	"好的,谢谢你的介绍,既然阿胶和蛋白质粉这么好,我就买这两种吧。"
"好的。"介绍阿胶、蛋白质粉的服用方法、注意事项、不良反应等。"这些您要告诉您的朋友,若朋友有不明白的,可以打电话咨询我们的。"	"好的,你们的服务真体贴。谢谢你!"
小张拿着顾客选定的保健品,引导顾客到收银台边说:"好的,请到收银台结账。"	结完账后,顾客满意地拿着购买的保健品离开了药店。

情景解析

本情景中店员通过与顾客交流，以顾客健康需要为中心，抓住中年女性的需求，运用扎实专业的知识，耐心地跟顾客比较几种保健品的生产厂家、原料、功能、适应人群，让顾客明白挑选保健品的方法，根据顾客的需要推荐保健品，淡化顾客对价格的敏感。

实训 5-4 冲动型顾客接待

情景模拟一

6月1日，是××药房三周年店庆，大门口扎上了彩色气球，大红地毯两侧的 POP 海报令人目不暇接，忙了大半天的小李刚想歇口气，走进了一位中年阿姨。

店员 （可通过言语、动作行为完成任务）	顾客
小李立刻整了整工作服衣领和胸牌，赶忙迎上去，微笑问道："阿姨您好！请问有什么需要帮忙的？"	"今天是你们店庆啊？不错不错，我正好散步路过，你们有什么优惠活动啊？"
"有很多啊，力度还很大，每年只有一次呢，比如保健品 8.5 折（汤臣倍健系列、惠世康系列），中药贵细精品 8.8 折（可免费打粉），还有好多呢。阿姨您看有哪些方面的需求？"	"还真挺优惠的哎！我平时喜欢用党参、黄芪煲汤。"
"阿姨您爱煲汤呀，在煲汤中加入药食同源的中药材就是食疗了，中年人经常食药膳有助于滋补气血、调理身体。"介绍这两种道地药材功效与适应证…… "我介绍一个简单方便的食疗，就是用党参、黄芪、枸杞子一起泡水喝。"介绍这个食疗方中各药的功效及组方后的协同功效……	阿姨听了非常开心，"那我就可以每天泡水喝，那比煲汤方便多了，而且我看海报里的枸杞子不错。"
"是的，我们的枸杞子产自宁夏，道地产区哈。"	"好。那分别给我拿 1 斤吧。"
"好的，枸杞子是半斤装，党参我帮您切小片，都给您用密封袋按半斤分装好，方便您保存。这些药材要放在密封箱里，阴凉干燥处贮存。"	"你真细心周到。谢谢啦！"
温馨提示：不客气，除了食疗之外，平时也要保持心情愉快，进行适量的运动，如散散步、打打太极，利于健康长寿。"	"是的，我每天都有适量的活动，晚饭后去散步。"
把包装好的药材拿给顾客检查，引导顾客结账。"您每天泡水喝，坚持一段时间会感觉精气神不一样的。用完了再来。您慢走！"	"好的。谢谢！"

情景解析

本情景中店员通过与顾客交流观察顾客的神态和言语特点，以中老年顾客健康保健需求为中心，结合其生活习惯，提出合理建议，用专业知识的讲解吸引顾客，取得信任。在具体沟通中热情果断，服务周到细致。

某日上午，刚入职的小李正在药店里忙活，整理药品，走进来一位大婶，直接就要购买钙尔奇品牌的钙片。

店员 （可通过言语、动作行为完成任务）	顾客
小李立刻整了整工作服衣领和胸牌，赶忙迎上去，"请问有什么要帮助的？"	"你好！你们店里有钙尔奇的钙片吗？多少钱啊？看了电视报纸上的介绍，加上年纪也大了，经常这儿疼那儿酸的，总感觉应该补补钙。"
"老年人确实需要补钙，但在选择产品方面要考虑您的实际需要，根据病症来考虑。钙尔奇有好几款产品，我帮您介绍下：这个钙尔奇氨糖软骨素加钙片，"介绍成分、功能、服用方法、适用人群……"是目前市场上比较受欢迎的成人补钙产品。还有钙尔奇钙片、钙尔奇钙维 D 维 K 软胶囊……" "您对鱼、虾、蟹过敏吗？如果不过敏，钙尔奇氨糖软骨素加钙片既能补钙，又能缓解你的腰腿疼痛，非常适合您。"	"嗯嗯，听你介绍，钙尔奇氨糖软骨素加钙片能增加骨密度，补充膝关节营养，缓解腰腿痛，那我就拿一瓶试试吧。"
"您日常有喝牛奶的习惯吗？"	"我对鱼、虾、蟹不过敏，牛奶比较少喝。"
"**温馨提示**：建议您每天喝 1 杯牛奶，可以补充营养补充钙。可以多吃一些含钙量高的食物如虾皮、紫菜、海带、骨头汤等。如果腰腿疼严重还是需要到医院就诊哟！"	"好的，原来这些食物也可以补钙呀，那我以后多吃。谢谢你！"
"请到收银台结账。欢迎下次再来！"	"嗯嗯，再见！"

情景解析

本情景中店员在与顾客交流发现顾客容易受到广告的影响，且是认可接触的第一件商品，不愿再作反复的选择与比较，根据顾客所患病症与保健的需要，果断将最合适的钙尔奇氨糖软骨素加钙片重点介绍给顾客，其他钙片作简单介绍，以专业知识解决顾客问题，淡化广告对消费者的影响，最终完成销售。

实训 5-5　犹豫型顾客接待

　　某日下午，店员小李正在柜台前整理药品。一位中年妇女漫步走入药店。

店员 （可通过言语、动作行为完成任务）	顾客
店员小李赶忙迎上去，微笑问道："您好，请问有什么需要帮助的？"	"我这几天脚有时抽筋，姐妹们说可能是缺钙了。不知哪些钙片合适？"
"哦，请问您除了抽筋，还有其他跟平时不一样的感觉吗？"	"有呀，时不时出汗，易烦躁，感觉睡眠质量有点下降了。"
"从您的症状分析，那您应该是到更年期，同时有点缺钙。"	"对的，我是更年期了，的确是最近这几个月才有这样的感受。"
"建议您服点治疗更年期的中成药，同时合理补些钙，减缓症状。"	"听说活性钙挺好的，给我看看。"
"好的。"小李拿出 1 盒活性钙，介绍产品……	"听说钙尔奇 D 也不错，我看过广告介绍。"
小李拿出 1 盒钙尔奇 D 给顾客，随后拿了 1 盒汤臣倍健的氨糖软骨素钙片、葡萄糖酸钙给顾客，并逐一介绍……	"这几种究竟哪个更适合我呀？"
小李简要介绍这四种钙片的不同：生产厂家、成分、作用机制、适应证、服用方法……	顾客面对柜台上已摆出的这四种补钙剂东摸摸、西挑挑，很难决定。"到底选哪一个好？不过听你刚才介绍说活性钙长期服用容易便秘，我本身大便不算太好，那这个应该不适合我。"
小李根据顾客的反应，进一步向顾客分析了钙尔奇 D 的优势……	"好吧，我相信你的专业水平，那就买钙尔奇 D 吧。"
"阿姨您说您睡眠不好，易烦躁，我建议您喝静心口服液试试。"介绍静心口服液组成、功效……	"听了你的介绍，那我再买 1 盒静心口服液，这样我的更年期会更舒心一些。谢谢你。"

店员 （可通过言语、动作行为完成任务）	顾客
小李边拿着 1 瓶钙尔奇 D 和 1 盒静心口服液，引导顾客到收银台，边说："您先各试 1 盒，若有改善您再来找我，这类药需要长期服用，效果才好！" 　**"温馨提示**：更年期还要注意多晒晒太阳，有利于补钙，同时心胸豁达，保持心情平静与愉快。在饮食方面可以适当多摄入牛奶与肉类食物。"	"好的好的，我相信你的专业指导，我的这些症状应该会有改善的。谢谢你！"

情景解析

　　本情景中店员通过与顾客交流观察顾客的眼神和言语特点，根据她对某个药的迟疑，以顾客治疗需要为中心，用专业的知识、耐心的讲解，打消顾客疑虑，让顾客对服务产生信任，成功购买了药品和相关保健品。

情景模拟二

　　某药店内，店员小李刚刚为顾客王婆婆完成收银手续，正在交代用药注意事项。一位女顾客走进药店的感冒药专柜前，东瞧瞧西瞧瞧，左挑右选。小李送走王婆婆后走向这位女顾客。

店员 （可通过言语、动作行为完成任务）	顾客
店员小李走向这位女顾客，微笑问道："您好，请问有什么需要帮助的？"	"我昨晚淋了雨，今天感冒了。"
"哦，那有什么不舒服的感受呢？"	"主要是头疼、流鼻涕、打喷嚏。"
"刚才进门时体温是 36.5℃，还好没发热。"	"是的，我自己在家也测过，没有发热症状。"
"您这种情况是感冒，可能是病毒引起的，目前的治疗方法是缓解症状。"小李边说边拿泰诺递给顾客，简要介绍泰诺的成分、作用机制、适应证、副作用……"	顾客边看边说："听你这么说，这个泰诺挺好的，但吃了会打瞌睡，会影响开车和上班的。"

店员 （可通过言语、动作行为完成任务）	顾客
"您平时要开车的话，建议您不要用含有镇静成分的药。"此时小李拿出白加黑递给顾客，说："白加黑也可以很好缓解您的上述症状，"简要介绍白加黑的成分、作用机制、适应证、用法、用量，相比泰诺的优势……"西药在药师指导下，按说明书服用也是很安全的。"	"这个白加黑不错，白天吃白片不会打瞌睡，但我担心吃西药副作用多、不良反应大，我想还是吃中成药会好些。"
"感冒类的中成药也可以，"分别拿出三九感冒灵颗粒、四季感冒片、感冒清热颗粒，一一简要介绍这三种中成药的组成、功效、适应证……强调中成药要辨证用药，如果用药不当也会有不良反应的。	"听你这么专业的解释，若要吃中成药的话，还得要根据中医辨证来用药，挺麻烦的。那我还是买白加黑吧，既可以尽快缓解症状，又不影响工作，还保证晚上睡眠。"
"好的，请到收银台结账。"小李边结账边交代顾客："感冒一般7天就会痊愈的，不得超量服用药物，如果症状严重需要到医院就诊，同时要注意休息、清淡饮食，多喝温水，保持室内通风，可适当多吃维生素C含量高的水果如猕猴桃、橙等。"	"谢谢你的耐心解答，让我学到了一些感冒用药常识，也会在日常生活中注意的。"

情景解析

　　本情景中店员通过与顾客交流过程，掌握顾客矛盾的心理，抓住顾客对不良反应的关注点，运用扎实的专业知识，耐心地跟顾客比较几种感冒药的作用机制、适应证与不良反应，消除顾客对西药不安全的顾虑，让顾客体会到店员的用心与耐心，对店员的专业知识和服务态度产生信任，成功购买了药品。

任务二　投诉处理

技能目标

　　1.具备良好职业素养，能以规范的仪容仪表仪态，礼貌、热情接待投诉顾客，倾听顾客的意见。

　　2.掌握投诉流程，熟悉沟通、服务技巧，具备顾客服务能力。

3.掌握相关专业知识和技能，具备顾客投诉处理的基本能力。

操作要求

1.分析给定的案例情景，根据提供的店员和顾客语言、动作提示，按照顾客投诉处理过程，将省略号部分进行完善，模拟出合理的顾客投诉解决方案。

2.填写顾客投诉记录表，见表5-2。

表 5-2　顾客投诉记录表

顾客姓名		电话	
地址			
投诉原因 （意见或建议）			
处理意见			
顾客态度			
接待人		日期	

注意事项

1.注意仪容仪表仪态。

2.注意使用服务行业规范用语、文明用语。

3.注意保持专注和倾听的态度。

4.注意服务流程正确完整。

评价标准

见表5-3。

表 5-3　投诉处理评价表

序号	评价内容	评价标准
1	仪容仪表仪态	仪容自然整洁,仪表端庄大方,仪态自然得体
2	沟通表达	亲切,诚恳,普通话流利
3	服务用语	专业、简洁易懂,准确
4	服务态度	有礼节,能尽快平复顾客情绪
5	处理步骤	程序无误、有序、完整
6	异议处理	有章可循,查清真相,及时反馈处理
7	投诉记录	记录建立应完整,及时分析,建档管理

实训5-6　药品质量问题投诉处理方法

2021年5月的某日下午，一位顾客拿来一包氨苄青霉素颗粒剂，要求退药。他说，这药以前服用溶解在水里时是淡黄色的，这次变成粉红色了，而且是一个厂生产的，怀疑是假药，要投诉且退药。

店员 （可通过言语、动作行为完成任务）	顾客
	一位顾客拿着一瓶已开启的氨苄青霉素颗粒剂进来。
"您好！请问有什么可以帮您的吗？"	"我昨天在你们这买了一包氨苄青霉素颗粒剂，这药过去溶解在水里是淡黄色的，这次变成粉红色了，而且是一个厂生产的，我怀疑是假药，要投诉。"
店员接过顾客手中的药品，认真查看产品并翻阅药品说明书。	顾客一直跟围观的其他顾客说："我以前吃过这个药，颜色不一样的，而且感觉味道也有点不同。"
根据药品说明书，店员结合专业知识及以往工作经验，从生产工艺过程中辅料方面详细解释原因……原因是企业更新了生产工艺，质量更有保障。	顾客乐意接受了店员提的方案，而且由他亲自查询，查询结果是厂家用了不同的着色剂，因而味道也有轻微的区别。
指导顾客按包装说明进行查询……并承诺若有质量问题的对应措施……	疑虑解除了，顾客对围观的人说："行，药店挺负责任的，这位工作人员也很专业，我放心了。"

该案例中顾客怀疑自己买到了假药来投诉。接待人员应耐心倾听顾客投诉的问题。一方面源于对企业的信任，另一方面结合专业知识与经验判断，根据曾经出现过厂家因调整辅料而出现的同类情况，首先安抚顾客情绪，根据说明书并给出产生问题的原因系工艺的更新，它是为了更好保障药品质量。当顾客依然坚持质疑药品质量时，通过查验真伪的方式引导顾客进行核实。在充足的证据和合理的解释面前，顾客最终相信药店所售药品的质量。

刘大爷，近日胃部饱胀不适、消化不良，于是从药店买了点多酶片，店员做了详细用药指导。但刘大爷每次用热水送服（平时胃不好，有喝烫水的习惯）。两天过后，刘大爷气冲冲地回来，质问店里为什么卖假药？

店员 （可通过言语、动作行为完成任务）	顾客
"大爷您好！请问有什么可以帮您的？"	"两天前我在你们药店购买的多酶片是假药。"
"大爷您别急，您为什么说是假药呀？您把药带来了吗？"	"带来了，给你。这个药吃了两天后，症状一点都没有缓解，不是假药是什么呢？"
当着大爷的面，取出药品说明书检查，并指导顾客进行防伪检查……	"那也不能证明药是真的呀。"
店员从该药成分、适应证、尤其服用方法等耐心向顾客分析原因…… "大爷您服用多酶片，是温水还是热水服用？" 原因：服药时用的是热开水，水温过高，而多酶片对温度敏感，所以效果不好。	"我平时胃不好，喜欢喝烫的热水，所以我服用药时都会选择烫的热水服。" "那为什么药品没有效呢？"
"大爷您以后服药时应该用常温的开水服药，保证会有良好的效果。这是我们门店的电话号码，服药过程有什么问题，您可以先打电话来咨询的。祝您健康长寿！"	"原来是这样，那我明白了。谢谢你！" 第二天，刘大爷打电话说胃部饱胀不适好多了，感谢药店的用心指导。

情景解析

本次案例顾客怀疑自己买到了假药来投诉。接待人员不能简单地用诸如"我们药店的进货渠道如何规范、不会是假的"来回答顾客，首先耐心倾听顾客讲述，结合自己专业知识帮助顾客分析疗效不好的原因，一方面指导顾客检查防伪标志，另一方面从专业角度解释效果不好的原因，重点在适应证、服用方法、服用剂量、不良反应、药品贮藏等方面。在充足的证据和耐心的解释下，顾客最终相信药店所售药品的质量，最后对顾客做进一步用药指导，确保用药安全与有效。

实训 5-7 药品价格问题投诉处理方法

情景模拟一

星期日上午 10 点，一名中年妇女和一位老人走进药店。

中年妇女："店长在吗？"

店员："你们好！店长刚好出去了。请问有什么可以帮到你们的？"

老人激动地说："你们这些骗人的家伙，前天为了骗我老人家买你们的蛋白粉，竟然说这品牌效果好！现在我吃了你们的蛋白粉一周也没见效。花了 120 块钱！你们就是骗子！赔我钱！"

店员 （可通过言语、动作行为完成任务）	顾客
"你们好！请问有什么可以帮到你们的？"	"店长在吗？"
"店长刚好出去了。"	"你们这些骗人的家伙，前天为了骗我老人家买你们的蛋白粉，竟然说这品牌效果好！现在我吃了你们的蛋白粉一周也没见效。花了 120 块钱！你们就是骗子！赔我钱！"
"老人家，您别急。您能给我看看您买的哪款蛋白质粉吗？有问题我们一起解决。"	"可以，你看，就是这个。我吃了也没见有什么效果。"
"您好，这款纽崔莱蛋白粉，"详细介绍其企业品牌、原料、工艺流程、吸收代谢及起效时间…… "这保健品不能替代药品，起辅助作用，需要吃上 4 周或更长的时间才能改善您的蛋白质缺乏症状，没有疗效的原因是服用时间不够。"	"非要这么贵的价格，你看，那款也是纽崔莱的蛋白粉，也才 80 元。你们这不是明摆着欺负老人家吗？"
"您说的是这款吗？"店员拿下顾客所说的另一款蛋白粉，解释价格相差较大的原因……	"好吧，我相信你的专业水平，我就听你的继续再服用一段时间，看看效果。"

店员 （可通过言语、动作行为完成任务）	顾客
"感谢您的理解。"再次做好用药指导……，尤其保健品起效时间以及改善的症状。 "您今天过来辛苦了，这样吧我送个杯子给您用来冲蛋白粉。这样您就更记得吃了。"	"好的，谢谢啦！"
"您慢走。如有问题，欢迎您回店咨询。"	最后，顾客满意地离开了药店。

情景解析

　　本次案例中顾客认为贵的蛋白粉应该立即起效。感觉付出的金钱与期望的效果相差太远。药店营业员在处理投诉时，首先是礼貌接待顾客，安抚顾客情绪，了解具体发生的事情。营业员运用专业知识耐心讲解保健品原料、制造工艺、所含成分对人体作用、服用时间以及改善症状等知识，经过分析找到明确的原因，明确提出希望顾客按照说明书上标注的长期服用。通过产品的高质量、良好的保健功效淡化价格问题。最后如果顾客仍不满意，填写投诉记录表或给另一个处理方案，让顾客知道我们很用心地在处理问题。也可以用一些小礼品回馈顾客，降低顾客的不满意度。

情景模拟二

　　一位中年女性走到药店的收银处，说："你们这个药店怎么回事？我前天在你们店买的善存维生素，要180多元。今天我同事说起，他买的善存才90多元。叫店长出来，我要投诉。"

店员 （可通过言语、动作行为完成任务）	顾客
"您好！请问有什么可以帮您的？"	"店长在吗？"
"店长刚好出去了，有什么事我可以处理的。"	"你们这个药店怎么回事？我前天在你们店买的善存维生素，要180多元。今天我同事说起，他买的善存才90多元。"

店员 （可通过言语、动作行为完成任务）	顾客
"女士,您别急。您能给我看看您和您的同事买的是哪款善存吗?"	"你看,我同事都发图片过来了,都是善存复合维生素,只是颜色包装有点不一样而已,但这价格也差得太离谱了。"
"嗯,您好,您对比一下图片,看看您同事买的是不是这款?"(店员拿下顾客所说的另一款善存维生素)	"嗯,是的,就是这款。"
"嗯,我为您解释一下。这两款都是复合维生素,但是这两款药有明显不同的,"分别从成分、生产工艺、保健功效讲解……"这是同一品牌的两种不同的保健品。"	"原来如此。我怎么没注意到。那我这款含22种营养素,那值了。"
"刚好我们现在有你同事那款的赠品装,送1份您对比一下,若您觉得合适下次可以买这款的。"	"好的。谢谢! 你这么替顾客着想,我以后都来找你了。"
"感谢您的理解。如有问题,欢迎您回店咨询。"	"最后,顾客满意地离开了药店。"

情景解析

本次案例顾客投诉同一品牌的复合维生素价格相差甚远。营业员必须详细询问投诉者是对比哪一种类型,认真聆听后,通过运用专业知识向顾客讲述同一品牌但不同类型尤其是对比产品其生产原料、生产工艺、保健功能、适宜人群、价格等都会有所不同;如顾客仍不满意,当场记录顾客提供的价格信息,向公司反映,并感谢顾客提供信息;最后可以用一些小礼品回馈顾客,降低顾客的不满意度。

实训5-8　服务质量投诉处理方法

情景模拟一

一天,一位男性顾客开车来到药店门口,对着店内大叫:"营业员,买一盒达喜。"这时店内有七八个顾客,店员应接不过来。店员:"好的,请等一等。"过了一分钟,顾客下车,不耐烦地来到药店:"营业员,到底做不做生意？我赶时间啊！"一位店员跑了过来："您好！不好意思！客人有点多，所以……"顾客打断店员说："我不也是顾客吗？你们是什么服务啊！找你们店长来，我要投诉你们。"

店员 （可通过言语、动作行为完成任务）	顾客
	"营业员，买一盒达喜。"
"好的，请等一等。"	过了一分钟，"到底做不做生意？我赶时间啊！"
"您好！不好意思！客人有点多。"解释未及时处理的原因……	（顾客打断店员）"我不也是顾客吗？你们是什么服务啊！找你们店长来，我要投诉你们。"
（引导顾客到相对安静的区域）"您好先生，"说明原因……	"我就要一盒达喜而已，你们就不能先处理我的吗？看着我买的少就不想理吧？！"
"先生您误会了，"解释本次的主要原因…… 店员迅速拿出顾客所需要的药品，"先生您看，这盒是您需要的药吗？"耐心讲该药的服用方法和注意事项……（因顾客指定买这种药且着急，建议此处简明提醒顾客注意事项）	"是的，我就是要一盒而已。其他没什么需要的。"
"好的，这盒药我们给您会员价吧，再赠送您一包抽纸。感谢您的理解和包容，下次我们定会改正。"	"行吧，看在你们态度还算诚恳。快给我结账，我赶时间。"
（店员收款完毕后）"祝您早日康复！"	最后，顾客满意地离开了药店。

情景解析

任何一家药店里，这种情景肯定会时有发生，在处理问题时：

1.尽量引导顾客到相对安静的区域处理问题，以免影响其他顾客，同时安抚顾客情绪。

2.向顾客道歉，由于顾客较多而导致服务不周。处理问题时，态度温和有礼，不得顶撞顾客。

3.迅速提出一套解决问题方案（如迅速给顾客准备好其所需药品，或在不损害药店利益的前提下，适当地给予会员优惠价或赠品等），在经得同意后，马上执行。

最后礼貌送客。

店员给顾客介绍维生素类保健品。

顾客："听你这么说，这个维生素很好啊。但这牌子我没听过，价格比其他的要便宜，会不会有质量问题？"

店员："女士，您多虑了，我们的药是绝对没问题的。"

顾客："卖花都会赞花香的！"

店员："阿姨，你买不买？不买就别捣乱。"

顾客："你什么态度？我要投诉你！"

店员 （可通过言语、动作行为完成任务）	顾客
店员给顾客介绍维生素类保健品。	"这牌子我没听过,价格比其他的要便宜,会不会有质量问题?"
"阿姨,你买不买?不买就别捣乱。"	"这个药店招的什么人啊?我问多两句就嫌我烦。没见过态度这么恶劣的。"
"不好意思！客人有点多,我们有点应接不暇,所以有点烦躁。我刚才的态度的确不对,我向您诚恳道歉。"	"你们是嫌我买的少……"
"不不不,您误会了。这的确是我的服务态度不好,让您坏了心情,抱歉。"	"那你告诉我,为什么价格这么便宜,质量行不行啊?"
从原料、保健功效等方面介绍该维生素……同时说明低价的原因系打折促销,质量方面绝对放心。 教会顾客查验真伪……	"哦,原来是这样。"
店员再次向顾客表示歉意,"如果您现在购买这盒保健品我们不仅给予您会员价,同时赠送您一份小礼包。"	"行吧,看在你态度还算诚恳,我就买这款试试。"
"非常感谢您的包容,请到这边结账。"	顾客买完自己所需的保健品,离开药店。

当由于店员的态度不当，给顾客带来不愉快时，在处理问题时应该：

1.店员必须马上诚恳地道歉，并保证会加强自身服务意识，用行动提高服务质量。处理问题时，态度温和有礼，细心周到，不得顶撞顾客。

2.与顾客讨论商量，提出一套解决问题的方案（如在不损害药店利益的前提下，适当给予会员优惠价或赠品等），在经得同意后，马上执行，最后礼貌送客，感谢顾客的批评与指正。

3.分析总结，不断改进，提高服务质量，避免类似情况再次发生。

项目六
药品服务

任务一　用药指导

技能目标

1.具备将药品按药理作用和临床用途进行正确归类的能力，并指出常见药物的商品名。

2.能正确介绍药物的作用机理以及临床适应证。

3.能根据病情特点介绍药品的用法、用量。

4.能介绍药品常见不良反应、注意事项、禁忌。

5.具备指导患者正确使用特殊剂型的能力。

操作要求

1.请根据实训任务背景资料的具体情景，进行用药指导。

2.填写用药指导过程表，见表6-1。

表 6-1　用药指导过程表

药品名称：　　　　　　　　　　　　　　　药品规格：

评价内容	评价标准
药品类型、商品名	按药理作用和临床用途正确归类，并指出该药品常见的商品名、类别、商品名

评价内容	评价标准
适应证	正确介绍药品的临床适应证
作用机理	正确介绍该类药物的作用机理
用法用量	根据病情特点介绍药品的用法、规格(单位为:片/粒/包/支/ml/mg 等)、用量、每日给药次数、给药时间
不良反应	介绍药品常见不良反应(不少于 2 条,不良反应尚不明确的除外)
注意事项	介绍药品的注意事项(包含相互作用,不少于 4 条)
禁忌证	介绍药品的禁忌症(不少于 1 条,无禁忌或禁忌尚不明确的除外)
同类药品	同类别替代药品(不少于 2 种)
中成药	结合病情可以选用的中成药推荐

评价标准

见表 6-2。

表 6-2　用药指导评价表

序号	评价要素	评价标准
1	药品类型、商品名	药品类型判断准确,能指出药品属于什么系统疾病用药即可,商品名正确
2	适应证	适应证正确
3	作用机理	正确介绍药品药理与作用机制
4	用法用量	具体到用药剂量、每日给药次数、给药途径,特殊给药时间、特殊制剂的正确使用
5	不良反应	重点介绍常见的和有严重后果的药品不良反应
6	注意事项、相互作用	要针对情景模拟中患者的情况(年龄、性别、病情特点等)介绍相应内容 应该告知顾客处方药需要凭医生处方,在医师指导下使用。在服药过程中出现较严重不良反应的处理办法、慢病治疗药物规范化使用等事项

序号	评价要素	评价标准
7	禁忌证	针对情景模拟中患者的用药禁忌
8	同类药品	主要是药物结构或作用机理相同的药物,也可以是复方制剂。如案例中提到患者已出现不良反应或不耐受时可选有相同疗效的其他药物
9	中成药	能与化学药品同时应用于情景模拟中的患者疾病治疗

注意事项

1.关爱生命、尊重患者,注重仪容、仪态,语气适当,不得有任何歧视的表情和语言。给顾客留有空间,介绍药品时注意与顾客保持半臂距离。

2.进行用药与健康指导时,正确介绍药品,不得夸大或贬低,不使用绝对化的语言。坚持以患者中心,坚守职业道德与情操。

3.特殊剂型如泡腾片、缓控释制剂、气雾剂等,应教会患者如何正确服用或操作。

4.为了避免顾客因错记、未听清或同时服用多种药品、年龄较大、记忆困难等情况发生漏服、错服药物现象,可以提供用药指导单服务,即将药品的具体服用方法和注意事项进行标注(纸质)。

5.特殊人群、特殊职业需要高度重视,提供细致的药学服务。

实训 6-1　抗感染药物

情景模拟一

李某,男,10 岁,2 天前因咽喉疼痛,发热体温达 38.2℃,到医院诊断为急性细菌性扁桃体炎,医生开具了阿莫西林胶囊进行治疗,李某吃了 2 天阿莫西林胶囊后,因药物服完由其家人带领李某到药店咨询。

情景模拟二

张某,女,65 岁,3 天前因尿频尿痛到医院检查,诊断为细菌性膀胱炎,医生开具了头孢呋辛酯分散片。回到家后,张某忘记了医生交代的用法用量,说明书也看不明白,所以到药店咨询该药品的使用问题。

情景模拟三

李某，女，35 岁，2 天前因为天气变化着凉，出现发热、咳嗽、咳痰，去医院检查，体温 38.5℃，白细胞总数明显升高，医生诊断为急性支气管炎，开具阿奇霉素分散片。李某吃了 3 天药，病情有好转，不知道是否还要继续服用阿奇霉素分散片，所以到药店咨询该药品的使用问题。

情景模拟四

李某，男，46 岁，2 天前因左胸肋部出现大块红斑，上面出现多个细小水疱，有瘙痒感，伴剧烈针刺样疼痛。到医院检查，被确诊为带状疱疹，医生为他开了阿昔洛韦乳膏，顾客不清楚如何使用，现到药店咨询。

情景模拟五

张某，男，3 岁，2 天前因腹痛到医院就诊，经检查大便蛔虫卵阳性，医生诊断为蛔虫症，开具阿苯达唑片，其母亲担心阿苯达唑片的不良反应，来药店咨询药师。

实训 6-2　解热镇痛抗炎药

情景模拟一

张某，女，20 岁，学生。1 天前出现头痛、发冷、流清涕、全身乏力，体温 37.6℃，昨天到药店购买酚氨咖敏片服用，但效果不明显，仍然发热、头痛、流涕、轻微咳嗽，其治病心切，来药店要求药师增加药物与用量，希望购买白加黑和酚氨咖敏片，药师推荐她只用白加黑。

情景模拟二

王女士 3 岁的儿子昨天晚上出现高热，体温 39.2℃，伴畏寒、发热、头痛，到医院急诊就诊，经检查后，医生诊断为上呼吸道感染（病毒性），医生给患儿开具小儿布洛芬栓，因家长不会使用，现到药店咨询如何使用。

实训 6-3　呼吸系统药

情景模拟一

周先生带 16 岁儿子来药店咨询。药师询问得知：患者 1 周前因受寒感冒在医院治疗，经治疗后病情基本好转，但近 2 天来一直不时咳嗽，干咳痰少，嗓子干痒，有异物感，医生开具了氢溴酸右美沙芬糖浆。

秦某，女，21岁，3天前因咳嗽痰多且痰黏稠难咳，去医院检查，医生给开了盐酸氨溴索口服溶液和阿莫西林胶囊各一盒，该患者担心使用盐酸氨溴索口服溶液合用阿莫西林胶囊会增加不良反应，来店咨询药师。

情景模拟三

张某，女，19岁，学生。1天前因呼吸困难、喘息到医院就诊。患者患支气管哮喘5年，入冬以来，雾霾天气加重，常出现支气管哮喘复发，医生开具丙酸倍氯米松气雾剂进行治疗，张某了解到丙酸倍氯米松为糖皮质激素类药物，通过网上查阅到糖皮质激素有很多不良反应，很担心自己会出现向心性肥胖等问题，故尔到药店咨询是否可以继续使用该药物。

实训6-4 消化系统药物

情景模拟一

张阿姨，女，58岁，患有冠心病合并高脂血症，医生要求其每日服用阿司匹林肠溶片、阿托伐他汀钙调节血脂、预防血栓，服用2年后，近期常感反酸、胃灼热，自觉上腹痛，经过医院胃镜检查发现是因长期服用阿司匹林导致的胃黏膜损伤，诱发胃溃疡，医生让其加服奥美拉唑胶囊，张阿姨不太明白，故前往药店咨询。

情景模拟二

小王，男，38岁，是一名货车司机，3年前因饮食不规律等原因患上了胃溃疡，当时医生给其开具了阿莫西林、甲硝唑、奥美拉唑三种药物，服用2周后所有症状全部消失。1个月前由于精神压力过大、饮食不规律，导致胃溃疡复发，到医院就诊后，医生在原来处方的基础上又增加了胶体果胶铋胶囊，小王对此颇感疑惑，于是到药店咨询胶体果胶铋是否有必要使用。

情景模拟三

张某，女，3岁，因1天前喝冷饮后腹泻，家人送到医院，医生诊断为急性肠炎，开具蒙脱石散，其爷爷不知道该如何服用蒙脱石散，故尔到药店咨询。

情景模拟四

李某，男，2岁，因发热、咽痛2天到医院治疗，诊断为化脓性扁桃体炎，医生开具静脉输注头孢唑林，治疗3天后，患者发热、咽痛好转，但出现腹泻，医生诊断为菌群失调性腹泻，遂给患者开具双歧杆菌三联活菌散，其母亲梁女士遂来药店咨询购买。

实训 6-5　循环系统药物

情景模拟一

李阿姨，57 岁，是山区的一名乡村教师，因胸闷、胸痛到医院就诊，经检查确诊为冠心病，医生让其在疼痛发作时舌下含化硝酸甘油片，李阿姨不理解舌下含化的服用方式，于是到药店咨询。

情景模拟二

陈先生，65 岁，退休干部，因患高血压医生开具卡托普利片治疗，已连续服用 4 周。3 天前出现顽固性刺激性干咳，服用止咳药效果不明显，陈先生与医生沟通后，医生将卡托普利更换为厄贝沙坦，因为服用卡托普利降压效果非常好，陈先生不明白为什么换药，担心厄贝沙坦药效不如卡托普利，遂前来药店咨询。

情景模拟三

李大爷，62 岁，平时爱吃咸菜。退休时体检查出高血压，医生处方开具硝苯地平控释片。李大爷嫌药贵，未在医院取药，回家让儿子小李在网上查询发现，硝苯地平普通片的价格便宜许多，所以来到药店，想要购买硝苯地平片。

情景模拟四

张大妈，62 岁，自退休以来体重逐渐上升。单位组织退休人员体检，查出体重超标，血清总胆固醇含量 6.98mmol/L，三酰甘油含量 2.39mmol/L，医生开具阿托伐他汀钙片。张大妈听朋友说该药物有许多不良反应，有些担心，所以来到药店咨询。

情景模拟五

王某，男，50 岁，体检查出血清三酰甘油含量 3.89mmol/L（正常值为 1.76mmol/L），血清总胆固醇含量 5.98mmol/L。常因业务在外应酬，平日喜欢抽烟喝酒、爱吃红烧肉。医生处方开具非诺贝特缓释胶囊，现从医院取回的药品已服用完，王某来到药店，想要继续购买非诺贝特缓释胶囊。

实训 6-6　内分泌系统及代谢性疾病药物

情景模拟一

王先生，54 岁，体重 60kg，患有 1 型糖尿病，每天晚餐时要注射地特胰岛素注射液控制血糖。某天，王先生出差较急，忘记携带该药品了，遂到所在地的药店购买地特胰岛素注射液。

情景模拟二

孙某，男，40岁，身高165cm，体重77kg，喜食肥肉。2月前体检时发现血糖异常，空腹血糖7.5mmol/L，餐后2h血糖12.5mmol/L，在医院诊断为2型糖尿病，医生开具盐酸二甲双胍缓释片，2天前患者到医院复诊，根据血糖的控制情况，医生除开具盐酸二甲双胍缓释片，增加了阿卡波糖片，孙某因忘记该如何服用阿卡波糖片来药店咨询。

情景模拟三

宋阿姨，45岁，身高158cm，体重70kg，喜欢肉食。空腹血糖7.0mmol/L，餐后2h血糖12.8mmol/L，在医院诊断为2型糖尿病，医生处方开具盐酸二甲双胍缓释片。因从医院取回的药已吃完，宋阿姨来到药店购买此药。

情景模拟四

王女士，56岁，体胖。3月前因口渴、多尿、多食到医院检查，经查：空腹血糖8.5mmol/L，餐后2h血糖值为14mmol/L。医院诊断为2型糖尿病，医生开具盐酸二甲双胍缓释片。今日患者到医院复诊，经检查血糖控制不佳，医生在开具盐酸二甲双胍缓释片基础上，增加瑞格列奈片。王女士担心效果不佳，前来药店咨询药师。

情景模拟五

赵某，男，40岁，喜欢喝啤酒。因最近夜间脚痛，脚跖趾关节处红、肿、热、痛，无法正常行走，到医院就诊，查：血尿酸11.0mg/dl，医生诊断为"痛风性关节炎急性发作"，处方开具秋水仙碱片，家人担心此药的不良反应，遂来药店咨询该药物的情况。

情景模拟六

李女士，53岁，因经常感觉乏力，毛发脱落，经期延长，平时怕冷、记忆力减退。遂到医院检查，经查：T_3（三碘甲状腺原氨酸）、T_4（四碘甲状腺原氨酸）水平偏低，血清TSH（促甲状腺激素）水平偏高，诊断为甲状腺功能减退症，医生处方开具左甲状腺素钠片。李女士因担心药物不良反应，来到药店咨询。

情景模拟七

小王，女，26岁。最近有多食、消瘦、多汗、心悸、易激动，遂到医院检查，经查：FT_3、FT_4 水平增加，血清 TSH 水平降低。医生诊断为甲状腺功能亢进症，为小王开具了甲巯咪唑肠溶片，小王服用 3 天后，症状仍未得到改善，遂来药店咨询。

情景模拟八

王女士，65 岁，因自觉髋关节、腰椎关节疼痛不适，到医院就诊，经查：双能 X 线吸收（DXA）测定，T 值≤－2.5。医生诊断为骨质疏松症，为其开具阿仑膦酸钠片，但她忘记如何服用该药，前来药店咨询。

实训 6-7　泌尿系统药物

情景模拟

王某，男，64 岁。因反复发作头晕，到医院检查：收缩压 165mmHg，舒张压 98mmHg，医生诊断为高血压，开具卡托普利片，一天一片。服药 4 周后，到医院复诊时，经测血压，收缩压 150mmHg，舒张压 90mmHg。医生在原有药物基础上加开氢氯噻嗪片，要求患者二药联合服用。王某因担心疗效问题，前来药店咨询。

实训 6-8　精神与神经系统用药

情景模拟

张某，男，42 岁，私营企业总经理，因严重失眠、情绪低落、思维迟缓，无法正常生活到医院就诊，诊断为抑郁症，医生开具盐酸氟西汀分散片。家属对抑郁症了解不多，来药店咨询病情以及用药问题。

实训 6-9　血液系统药物

情景模拟一

王女士，35 岁，由于经常头晕、月经不调且量少，去医院检查，血常规报告显示血红蛋白（Hb）90g/L，红细胞计数（RBC）$3.0 \times 10^{12}/L$，血涂片可见红细胞大小不等、中心浅染，血清铁、血清铁蛋白含量下降，总铁结合力升高。医生诊断为缺铁性贫血，开具了富马酸亚铁咀嚼片。服药 3 天后，发现自己出现排黑粪现象，王女士担心是否出现药物不良反应或其他原因，遂到药店来咨询。

情景模拟二

小王，女，28 岁，近期正在备孕，听身边朋友讲，孕妇需要补叶酸。

小王不知道自己是否需要补叶酸，什么时间补叶酸好，听说斯利安叶酸片比较好，所以到药店咨询。

曹阿姨，57 岁，因外出活动或爬楼梯时胸闷、胸痛，经医生诊断为冠心病，医生处方开具单硝酸异山梨酯片、阿司匹林肠溶片、阿托伐他汀钙片，随到药店凭医生处方购买。在取药时，曹阿姨发现药师发的阿司匹林肠溶片与家里的巴米尔（阿司匹林泡腾片）是一样的成分，随即问药师能否先用家里的巴米尔，用完后再购买阿司匹林肠溶片。

实训 6-10　影响变态反应和免疫功能药物

刘某，女，46 岁，昨日去植物园游玩赏花，当天出现鼻塞、鼻痒、打喷嚏，随即到医院就诊，医生经询问患者有花粉过敏的病史，诊断为过敏性鼻炎，开具盐酸左卡巴斯汀鼻喷雾剂。患者不知道如何使用鼻喷剂，遂来药店咨询。

实训 6-11　抗肿瘤药物

张某，女，68 岁，1 周前因胸痛、左下肢痛到医院就诊，医生诊断为肺癌，腺癌Ⅲ期 B，由于患者身体弱，肿瘤出现远处转移失去手术机会，医生开具吉非替尼。由于药价很贵，患者前来药店咨询此药的情况。

实训 6-12　维生素与矿物质药物

高某，女，57 岁，体弱多病，常常感冒。有一天外出活动时，发现路边药店正在搞活动。药店悬挂有许多宣传维生素 C 泡腾片的 POP 海报，其中"提高机体免疫、抗感冒"的说法引起了高女士的关注，随即进药店了解情况，向店员咨询并欲购买此药。

因 5 岁的儿子长时间食欲不好，口腔易长溃疡、体质瘦弱，其母亲来到药店购买健胃消食片，想助消化、提高食欲。经过药师询问，孩子平时就有明显的挑食、偏食现象，不喜欢食肉食，口腔易出现溃疡，常患口角炎，便向薛女士推荐健胃消食片联合善存小佳维咀嚼片。

广播、电视，天天都在播放腿脚抽筋、腰酸背痛、骨质疏松，这是缺钙的信号！宣传"美好生活从补钙开始""科学补钙，关注中老年抽筋"等知识。几乎所有老年人都能说出一些补钙产品及相关的广告词。这不70岁的李大爷最近频频出现夜间腿抽筋，且有明显驼背、行走困难，遂来到药店向店员咨询钙尔奇钙维生素D软胶囊。

实训 6-13 五官、皮肤及外用药物

情景模拟一

张某，女，35岁，2天前因眼部痛痒不适、畏光、流泪，到医院诊断为细菌性结膜炎，医生开具红霉素眼膏，2天后该药用完，现到药店购买红霉素眼膏。

情景模拟二

李某，男，30岁，3天前因游泳后，耳内疼痛、听力下降，到医院检查诊断为中耳炎，医生开具盐酸左氧氟沙星滴耳液，按照医嘱进行二次治疗后，感觉耳内有一点疼痛、瘙痒，有点担心，所以到药店咨询该药品。

情景模拟三

李某，女，24岁，2年来喷嚏频繁，发作前鼻子痒，继而连续打喷嚏、流鼻涕、鼻塞严重。近2日感冒后，鼻塞严重，晚上张口代鼻呼吸，影响睡眠，随后到医院就诊，医生开具盐酸萘甲唑啉滴鼻液。李某担心自己不会正确使用滴鼻液，前来药店咨询。

情景模拟四

张女士，29岁，3年来口腔黏膜不时出现溃疡，疼痛明显、有灼烧感，一般几天后自行好转，但易反复，多于睡眠不足、饮食不当时复发。最近到南方出差，由于饮食不习惯（偏辣），引起溃疡，局部疼痛，伴口臭、大便秘结。为了缓解症状，张女士向药师咨询，药师推荐复方氯己定含漱液。

情景模拟五

陈某，女，50岁，近3天来出现脚趾夹缝有水疱，奇痒难受，挤破后水液澄清，干燥吸收后出现脱屑，遂到药店咨询，药师推荐硝酸咪康唑乳膏。

实训 6-14　妇产科用药

情景模拟

刘某，女，35岁，因外阴瘙痒，到医院诊断为滴虫性阴道炎，医生开具甲硝唑栓和甲硝唑片进行治疗。患者回家后，发现两种药的名字差不多，担心重复用药，所以到药店咨询该药品。

任务二　问病荐药

技能目标

1.具备与患者沟通、询问疾病能力。

2.掌握疾病的相关知识，具有一定的疾病判断与评估能力。

3.能科学合理介绍药品，具有一定的指导用药能力。

4.具有针对常见疾病进行健康指导的能力。

操作要求

1.根据给定的情景模拟资料，进行患者疾病评估，写出该患者可能患有的疾病。

2.填写问病荐药过程表，见表6-3。

表 6-3　问病荐药过程表

过程		内容
询问病情	基本情况	
	询问疾病史	
	询问就医史	
	询问用药史	
	询问过敏史	
	病情判断	
用药方案	主治药	
	联合用药	
	辅助用药	

过程		内容
推荐理由	药品作用特点(分别论述): 适应证/功能主治	
用药交代	药品用法	
	药品用量	
	服用时间与疗程	
	药品不良反应	
	药品禁忌	
	药品注意事项 (包含相互作用)	
	特殊人群、特殊剂型、特殊送服要求等	
	贮藏方法	
	发生特定情况处理办法	
健康指导	饮食、运动、烟酒、情绪等	

注意事项

1.关爱生命、尊重患者，注重仪容、仪态，语气适当，不得有任何歧视的表情和语言，给顾客留有一定空间，介绍药品时注意与顾客保持半臂距离。

2.进行用药与健康指导时，正确介绍药品，坚持以患者为中心，坚守职业道德与情操。不得夸大或贬低，不使用绝对化的语言，不得以营利为目的。

3.对某些特殊剂型（如栓剂、气雾剂、滴眼液等），应提示顾客如何正确使用。

4.为了避免顾客因错记、未听清或同时服用多种药物、年龄较大、记忆有困难等情况而发生漏服、错服现象，可以提供用药指导单服务，即将药品的具体服用方法和注意事项进行标注（纸制或电子）。

评价标准

见表 6-4。

表 6-4 问病荐药评价表

序号	评价内容	评价标准
1	疾病评估	根据症状或检查指标,疾病判断准确
2	用药方案	推荐药品合理、准确
3	推荐理由	描述准确
4	用药交代	准确全面
5	健康指导	健康指导合理、全面、准确

实训 6-15　感冒与流行性感冒

情景模拟

　　向某,男性,45 岁,公司职员。本年度 1 月 2 日来药店购物。自诉 2 天前天气变冷,出现头痛、鼻塞、流清涕、打喷嚏、畏寒低热、轻微咳嗽等症状。经检查:体温 38.2℃。经询问:因近日天气变化受凉,出现上述症状。顾客每天开车上下班,有 3 年的高血压病病史,睡眠、饮食不规律,运动较少。因症状轻微未曾到医院就医,没有药物过敏史。

实训 6-16　支气管炎

情景模拟

　　李某,女,18 岁,学生,2019 年 12 月 5 日前来药店咨询。自诉 3 天前因感冒后出现了咳嗽的症状,近 1 天咳嗽加剧,痰液由白色黏液痰转变为黄色脓痰。经询问:顾客咳嗽吐黄痰,无发热症状,全身症状不明显,1 天前曾到医院检查,血常规检查提示中性粒细胞明显增多,有青霉素过敏史,其他情况无特殊。

实训 6-17　支气管哮喘

情景模拟

　　李某,男,55 岁,退休人员,2020 年 4 月 21 日前来药店咨询。自诉当日上午因外出春游看花后,突然发作气急、胸闷、喘息、呼吸困难并伴有哮鸣音,持续发作 2h。经查:心率 75 次/分,体温 36.8℃。经询问:患支气管哮喘 5 年,对花粉过敏,医生曾给患者开具沙美特罗替卡松粉吸入剂治疗,用药后症状立刻缓解,3 年前已戒烟戒酒,不喜欢运动,本次发作未曾到医院就诊，无药物过敏史，有家族类似疾病史。

实训 6-18　慢性阻塞性肺疾病

情景模拟

　　张某，男，70 岁，退休工人，2019 年 10 月 21 日前来药店咨询。自诉 2 天前因感冒，出现咳嗽，咳少量痰，气喘，进行性呼吸困难，低热。经检查：心率 71 次/分，体温 38.2℃。经询问：患者近 5 年来曾多次出现类似情况，每逢季节变化天气转冷，感冒就容易复发，曾多次到医院就诊，肺功能检查提示患者存在持续气流受限、肺活量减低，血常规检查示中性粒细胞数明显增多。抽烟，每天 20 支左右，不饮酒，不爱运动，否认有药物过敏史。

实训 6-19　变应性鼻炎

情景模拟

　　张某，女，23 岁，公司职员，2019 年 4 月 22 日到药店咨询。自诉由于小区里花开得很多，2 天前出现鼻塞、流水样涕、鼻痒、打喷嚏的症状，还伴有眼痒、眼结膜充血。经询问：顾客每到春季容易复发，每次复发后服用抗过敏的药均能缓解，每天开车上下班，此次发作未曾到医院就诊，无药物过敏史。

实训 6-20　慢性咽炎

情景模拟

　　张某，女，32 岁，教师，2018 年 5 月 28 日到药店咨询。自诉前 2 天上了一天课后自觉咽部明显异物感，伴有咽干、咽痒。经询问：顾客自述 6 月前经常出现咽干、咽痒，晨起刷牙时出现咳嗽和恶心，因症状轻微，休息后可自行缓解，故未到医院就诊。平常喜欢吃火锅，喝冷饮，无发热，否认有过敏史，否认妊娠和其他基础疾病。

实训 6-21　反流性食管炎

情景模拟

　　朱某，男，35 岁，公务员，2018 年 10 月 22 日到药店咨询。自诉 3 天前餐后 1h 左右出现胃部灼热，同时伴有胃内容物涌向咽部和口腔，有酸味，胸骨后疼痛。经询问：顾客无恶心、干呕和腹肌收缩现象，也无发热、咳嗽、全身酸痛等症状，否认有胃溃疡史，大小便正常，1天前曾到医院做胃镜检查：食管黏膜出现变红、糜烂征象，否认药物过敏史，喜欢饮酒，每天饮酒200ml左右。

实训 6-22　慢性胃炎

情景模拟

　　张某，男性，52岁，销售员，2020年3月25日下午到药店咨询。自诉2天前因饮酒后出现上腹痛、饱胀不适、嗳气、食欲缺乏等症状。经询问：顾客出现餐后上腹隐痛不适已持续3年，多在饮酒后发生，每次发作约1h，疼痛无规律性，无发热症状，平常注意饮食与不饮酒常可自行缓解。顾客工作较忙、压力较大，应酬多、喜饮酒，每次200ml左右，饮食不规律，运动较少，1年前曾就医。胃镜提示：黏膜红白相间，以白相为主，皱襞变平，黏膜血管显露。否认药物过敏史。

实训 6-23　消化不良

情景模拟

　　李某，男性，25岁，公务员，2018年10月4日到药店咨询。自诉2天前因就餐过饱后出现上腹饱胀、打嗝、食欲不佳，对油腻食品尤为反感，伴有舌苔厚腻。经询问：2天前节假日亲友聚餐频繁，吃得过饱，饮食中含过多高蛋白和高油脂食物，加之饮酒，现在平躺后上腹正中有烧灼感，口腔有酸味并可延伸至咽喉部。未曾到医院就诊，否认药物过敏史。

实训 6-24　消化性溃疡

情景模拟

　　陈某，男性，48岁，公务员，2020年2月25日下午来药店咨询。自诉餐后出现上腹部反复发作疼痛2天伴嗳气、反酸、恶心等症状。经询问：顾客出现反复发作的上腹疼痛已经有半年，疼痛呈发作—缓解交替出现的周期性发作，常在饥饿或夜间发生灼痛和饥饿样不适感，进食后缓解，伴上腹饱胀、嗳气，最近因应酬多，经常饮酒后再次发作。平时工作心理压力较大，睡眠、饮食不规律，因工作关系经常饮酒，每次约半斤，吸烟，20支/天，运动较少。4个月前曾在医院做检查示幽门螺杆菌阳性，胃镜提示十二指肠有溃疡，服药后病情缓解。此次发作后未曾到医院检查，否认有药物过敏史。

实训 6-25　腹泻

赵某，男性，28 岁，司机，2018 年 3 月 12 日到药店咨询。自诉出现上腹隐痛、恶心、呕吐伴腹泻 1 天。经询问：顾客 1 天前曾吃过夜剩饭菜，约 4h 后发生上腹隐痛不适，恶心、呕吐 1 次，泻水样便，一天 3～4 次，大便腥臭，有里急后重感，没有出现发热症状。未曾到医院就诊，否认有药物过敏史。

实训 6-26　便秘

李某，女，60 岁，退休干部，2019 年 7 月 21 日到药店咨询。自诉持续 4 天没有排便，自感腹胀不适，经询问：顾客近几年基本 2 天、有时甚至 3 天排便 1 次，且大便干结，每次排便困难，有排不尽感，症状严重时一般自行到药店购买当归龙荟片来缓解，前 2 周刚使用过此药。有高血压病病史 3 年，目前服用硝苯地平控释片控制血压良好。除日常买菜，基本不外出活动，喜欢待在家看电视，因消化不好平时蔬菜摄入较少。未曾到医院就诊，否认有过敏史。

实训 6-27　胆囊炎与胆囊结石

李某，女，52 岁，企业退休，2020 年 3 月 15 日到药店咨询。自诉 2 天前因进食油腻食物，右上腹部胀痛不适，右肩背部有轻微疼痛，其他无明显不适。经询问：顾客 1 年前曾到医院检查，B 超提示：胆囊增大，囊壁增厚、毛糙，结石显示强回声，确诊为胆囊炎，半年来常因进食油腻食物后出现类似症状，到药店购药后能缓解，此次发作时无发热症状，血压、血糖正常，否认有药物过敏史。

实训 6-28　抑郁症

姜某，女，53 岁，退休工人，2020 年 7 月 11 日到药店咨询。自诉 3 个月来情绪低落、心烦、失眠、健忘、头晕、反应迟缓，甚至有跳楼想法。经询问：因退休后收入减少，家庭支出增加，心理特别压抑，1 个月前曾到医院就诊，诊断为抑郁症，否认有药物过敏史。

实训 6-29　高血压

`情景模拟`

张某，男，62岁，2020年8月13日到药店咨询。自诉近2个月来反复头晕、头痛，曾在家中多次测量血压，血压为155/95mmHg左右。药师现场测量血压为155/94mmHg。经询问：顾客喜欢食肉食、咸菜，不喜欢运动，在过去3年中体重缓慢增加，身高170cm、体重87kg。顾客未曾到医院就诊，否认有药物过敏史。

实训 6-30　高脂血症

`情景模拟`

张某，男，48岁，公司销售人员，2020年12月20日到药店咨询。自诉因眼角内眦有黄色瘤样物1年，伴活动后胸闷3天。经查：顾客身高162cm，体重81kg。经询问：顾客2个月前曾到医院检查，检查报告显示血清总胆固醇6.8mmol/L，三酰甘油2.8mmol/L，低密度脂蛋白胆固醇4.8mmol/L，血压130/88mmHg，空腹血糖5.1mmol/L。每天开车上下班，吸烟大约20支/天，饮酒大约150ml/天，喜欢食肥肉、动物内脏，平时运动较少，否认有药物过敏史。

实训 6-31　糖尿病

`情景模拟`

张某，女，52岁，农民，2020年9月10日到药店咨询。自诉近日出现明显消瘦、口渴、小便增多。经询问：2年前因多尿、多食伴体重减轻，双下肢感觉异常、麻木等症状，到医院就医确诊2型糖尿病。医生开具二甲双胍、格列齐特缓释片进行治疗，但患者不听从医嘱，服药不规律，且常依自身感觉增减药量甚至停药，期间没有监测血糖。药师帮助顾客测血糖为15.3mmol/L（餐后），血压为138/86mmHg。患者身高158cm，体重68kg，腰围90cm。自述平时饮食量较大，尤喜面食与肉食，近来常感觉指端疼痛，否认有药物过敏史，家族中有糖尿病病史。

实训 6-32　痛风

`情景模拟`

王某，男性，54岁，工人，2020年6月10日到药店咨询。自诉1天前公司聚会，吃了海鲜自助餐，还饮用大量啤酒，后半夜出现左脚第一跖趾关节红肿，剧烈疼痛，关节周围发热。经询问：顾客喜欢吃海鲜、动物内脏，平时抽烟喝酒，抽烟约20支/天，饮酒约200ml/天。2年前曾有过1次急性痛风发作病史，经治疗后未再发作。1个月前曾到医院体检，其中血尿酸8.6mg/dl，无其他基础疾病，无药物过敏史。身高162cm，体重87kg。

实训 6-33　甲状腺功能亢进症

情景模拟

郑某，女性，36岁，公司职员，2020年2月2日到药店咨询。自诉近1月出现心悸、畏热多汗、食欲亢进、消瘦无力、体重减轻等症状。经询问：顾客1个月前曾到医院检查发现血清游离甲状腺激素（FT_3、FT_4）增加，血清促甲状腺素降低，血清促甲状腺素受体抗体阳性，心率每分钟95次，血糖正常，无发热症状，无药物过敏史。

实训 6-34　甲状腺功能减退症

情景模拟

张某，男性，50岁，公司职员，2019年10月11日到药店咨询。自诉近1个月出现疲劳、倦怠、怕冷、体重增加、记忆力减退、反应迟钝、下肢水肿等症状。经询问：顾客1个月前曾到医院检查发现血清促甲状腺激素（TSH）增高，血清总甲状腺素（TT_4）、游离甲状腺激素（FT_4）降低。无药物过敏史。

实训 6-35　缺铁性贫血

情景模拟

赵某，女性，25岁，酒店服务员，2018年9月17日到药店咨询。自诉近3个月来出现活动后心悸、乏力、头昏、食欲减退、皮肤干燥、指甲脆薄易裂的症状。经询问：顾客因怕身材走样，每天进食很少，早餐与晚餐通常不进食，全天进食量不到200g。1个月前曾到医院检查，血常规检查红细胞计数$3.0×10^{12}$/L，血红蛋白含量86g/L，血清铁含量低。无用药史，无药物过敏史。

实训 6-36　骨关节炎

情景模拟

徐某，女，56岁，家庭主妇，2017年9月14日到药店咨询。自诉近1

个月来反复出现右侧膝关节疼痛、僵硬，活动时感觉膝关节有骨摩擦感。近2日降温，感觉右膝关节疼痛加剧、活动受限明显，下楼时特别疼痛。经询问：平时喜欢走路锻炼，每日步数约12000步，身高158cm，体重75kg。2周前曾到医院就诊，X线片提示：膝关节间隙变窄、关节边缘骨质增生。无外伤史，否认有过敏史，家族史无特殊。

实训 6-37　骨质疏松症

情景模拟

杜某，女，65岁，银行退休职员，2020年3月7日到药店咨询。自诉近2年来，经常腰腿痛。经询问，患者绝经15年，退休后时常感觉腰背痛，身高降低，开始略有驼背。体检报告骨密度降低，T值≤−2.5，因症状轻微未曾到医院就诊。退休生活喜静不喜动，最大的乐趣就是喝着咖啡追剧，睡眠、饮食不规律。否认有药物过敏史，无其他特殊情况。

实训 6-38　尿路感染

情景模拟

张某，女，30岁，已婚，公交司机，2020年6月20日到药店咨询。自诉2天前无明显诱因下出现小便灼热、排尿疼痛。经询问：顾客每日排尿次数高达8~10次，小便量很少，排尿时尿道口疼痛，尿急，会阴部不适，外观尿液略有浑浊。因为职业因素，顾客平时不喜欢饮水，因为天热，出汗较多，小便次数与数量均很少。曾到医院就诊检查，尿沉渣镜检白细胞数增多。有青霉素药物过敏史，饮食习惯喜欢口味厚重辛辣食物。无其他特殊情况。

实训 6-39　前列腺增生症

情景模拟

李某，男，68岁，退休司机，2018年9月18日到药店咨询。自诉近1个月来出现尿频，尿流变细，排尿滴沥不尽，夜尿4~5次。经询问：患有高血压病10年，长期服用苯磺酸氨氯地平，现血压控制在140/88mmHg左右，吸烟20年，一天20支左右，由于年轻时开长途车，经常憋尿，曾患膀胱炎。10天前曾到医院就诊，经直肠指诊，发现前列腺腺体长度增加、体积增大。否认有药物过敏史，无其他特殊情况。

实训 6-40　痛经

陈某，女，18岁，学生，2020年5月10日到药店咨询。自诉近2年来经常出现月经前及经期小腹疼痛，坠胀，甚至痛及骶部，伴乳房胀痛，曾到药店购买益母草颗粒等中成药治疗，效果较好。此次月经来潮，感觉下腹阵发性绞痛，持续1～2天，腰酸、乳胀，经色暗淡，有小血块。正值高中学业，精神紧张，心烦易怒，食欲降低，曾经到医院就诊，经妇科检查无异常，否认有药物过敏史。

实训 6-41　阴道炎

许某，女，40岁，已婚，自由职业者，2018年8月10日到药店咨询。自诉2天前无明显诱因出现外阴瘙痒，夜间加重，阴道分泌物呈黄白色，凝乳状、豆腐渣样，气味异常，伴有排尿时疼痛和烧灼感。经询问：顾客1天前到医院检查，在阴道分泌物涂片中发现假丝酵母菌的菌丝。平时经常穿紧身化纤内裤，无糖尿病病史，否认有过敏史，生育史、家族史无特殊。

实训 6-42　痤疮

李某，女，25岁，已婚，公务员，2019年8月3日到药店咨询。自诉3周前脸上、胸部、背部均出现了少量炎性丘疹，色红，偶有少量白头粉刺，挤压时轻微痛痒。经询问：顾客饮食偏辛辣，喜食甜食，偶有便秘，小便色偏黄，大便正常，喜欢熬夜，无抽烟与饮酒习惯，未曾到医院就诊，无药物过敏史。

实训 6-43　荨麻疹

张某，男，7岁，学生，2019年6月10日到药店咨询。家长诉1天前化妆参加了学校组织的万圣节聚会，今早起发现面部出现鲜红色风疹团，有明显瘙痒感。经查：风疹团呈鲜红，形态不规则，融合成一片，双上肢出现轻微瘙痒。经询问：顾客没有出现发热症状，未曾到医院就诊，其母亲说平常遇冷空气刺激也会在脸部和腿部出现风团。否认有药物过敏史。

实训 6-44　手足癣

杜某，男，21 岁，学生，2019 年 7 月 20 日到药店咨询。自诉 2 天前发现自己脚部出现散在的小疱，针尖大小，瘙痒，小疱搔抓后有水样物质流出，局部无糜烂。经询问：因天气炎热，喜欢在公共游泳池游泳，常穿别人拖鞋。否认有药物过敏史，个人疾病史、家族史无特殊。

实训 6-45　皮炎与湿疹

王某，女，20 岁，学生，2019 年 6 月 10 日到药店咨询。自诉 2 天前因佩戴一个新手表（金属材料），接触部位出现了小片红疹，有针尖大小样水疱，局部瘙痒明显。经询问：顾客对金属过敏，曾发生过类似情况，均因症状不严重未曾到医院就诊。否认有药物过敏史。

实训 6-46　手足口病

张某，男，3 岁，幼儿园上学，2020 年 11 月 8 日到药店咨询。家长诉 1 天前出现发热，口、手、足部位出疹，伴咳嗽、流涕、恶心呕吐、食欲减退。经询问：幼儿园学生规模较大，人口密集，已有患儿被诊断为手足口病。患儿发病后曾到医院检查，肠道病毒（CV-A16）特异性核酸检查阳性。经查：体温 37.8℃，患儿精神尚可，其他情况无特殊，否认有药物过敏史。

实训 6-47　脂溢性皮炎

项某，男，27 岁，工人，2018 年 3 月 19 日到药店咨询。自诉近日胸部、腋下皮脂溢出的部位出现红斑性皮疹，表面附着油腻性鳞屑，伴明显瘙痒。经询问：顾客身高 170cm，体重 95kg，喜欢抽烟饮酒，喜欢重油饮食。未曾到医院就诊，否认有药物过敏史，无其他基础疾病。

实训 6-48　沙眼

方某，男性，19 岁，学生，2020 年 7 月 25 日下午来药店咨询。自诉近

1 天前出现双眼畏光、流泪、眼红、眼部明显异物感。经询问：因天气炎热，顾客最近 2 周经常到公共泳池游泳，1 天前出现上述眼病症状。经检查：耳前淋巴结肿大，睑结膜乳头增生，上下穹隆部结膜布满滤泡。未曾到医院就诊，否认药物过敏史。

实训 6-49　结膜炎

情景模拟

张同学，男，19 岁，学生，2020 年 7 月 28 日在母亲的陪同下来药店咨询。自诉出现眼睛红肿，伴有黏性分泌物 1 天，晨起双眼被分泌物糊住。经询问：张同学喜欢游泳，2 天前曾在公共游泳池游泳。经检查：顾客双眼眼睑肿胀，结膜充血，结膜内有脓性分泌物并有异物感、眼部发痒、畏光。患者发病前轻度近视，戴隐形眼镜，曾到医院就诊，结膜分泌物涂片发现大量炎症反应细胞。无药物过敏史。

实训 6-50　干眼症

情景模拟

王某，女性，29 岁，公司职员，2018 年 11 月 20 日到药店咨询。自诉 1 周前感到眼部干涩、烧灼，伴眼红、畏光。经询问：因工作需要，长期在电脑前工作，每天用电脑时间约 8h，因症状轻微未到医院就诊，无药物过敏史。

实训 6-51　口腔溃疡

情景模拟

张某，女，44 岁，培训机构教师，2020 年 12 月 23 日到药店咨询。自诉 2 天前因口腔颊部出现溃疡，有明显的灼痛感，特别是吃酸、辣食物时，疼痛加剧。经查：口腔颊部有 2 个溃疡，面积不大，表面有黄白色假膜覆盖，周围有充血，触痛明显。经询问：患者多次出现口腔长溃疡的情况，曾使用桂林西瓜霜（喷剂），可暂时缓解疼痛。个人饮食习惯爱吃肉，不爱吃水果和蔬菜，否认有药物过敏史。

实训 6-52　牙龈炎

情景模拟

黎某，男，52 岁，厨师，2018 年 11 月 17 日到药店咨询。自诉近半月来出现牙龈红肿疼痛、出血，伴有口臭。经检查：有牙结石，牙龈呈暗红色，组织松软，轻触易出血。经询问：顾客喜欢吸烟（20支/天）、饮酒（50ml/天），平时刷牙时牙龈易出血。否认有药物过敏史。

任务三　慢病患者用药服务

技能目标

1.具备与慢病患者有效交流并为其建立慢病管理档案的能力。

2.掌握慢病相关知识，具备针对慢病患者进行用药指导和健康宣教的能力。

3.掌握血压、血糖的监测方法及胰岛素"笔"型注射器的使用方法并教会患者自测与使用。

操作要求

1.与慢病患者进行有效沟通交流，收集患者相关信息，建立慢病管理档案。见表6-5、表6-6。

2.根据慢病用药情况对用药进行指导与评估，见表6-7、表6-8。

表6-5　糖尿病慢病管理档案

档案号：　　　　建档日期：　　　　建档地点：　　　　建档人：

患者基本 信息	姓名：　性别：　年龄：　联系方式：
	身高：　体重：　腰围：　BMI：　收缩压： 舒张压：　空腹血糖：　餐后2h血糖：　糖化血红蛋白：
	是否伴有以下症状？ □口渴,爱饮水　　□易饥饿　　□小便多　　□胸闷、心悸 □皮肤瘙痒　　□下肢溃疡　　□视物模糊　　□焦虑
	三餐习惯:□吃饱为止　　□尽量少吃　　□定量吃 　　　　　□偶尔不吃晚餐 膳食结构： 1.以谷类和面食为主　□是　□不是 2.每日摄入丰富蔬菜以及大量的膳食纤维　□是　□不是 3.每日定量摄入豆类或优质蛋白和钙　□是　□不是 4.高脂(肉类)食物每日摄入量　□多　□一般　□较少 5.水果每日摄入量　□多　□一般　□较少 运动情况（每日）:□60min以上　□30～60min　□30min以下 精神压力:□较大　□一般　□不大

患者基本信息	不良嗜好： 烟：　　　　酒：
	过敏史： 药物/食物：　处置□　　自愈□　　药物治疗□　　抢救□
	现病史： 既往病史： 家族病史：
	合并的其他疾病： □高血压　　□高脂血症　　□高尿酸血症　　□冠心病 □蛋白尿　　□下肢溃疡　　其他：

药物使用情况	药物通用名称	规格/剂型	用法	用量	起始时间	停止时间

药物注意事项	是否清楚？
服药依从性	□坚持用药　　　□偶尔忘记　　　□好转即停药

表 6-6　高血压慢病管理档案

档案号：　　　建档日期：　　　　建档地点：　　　　建档人：

患者基本信息	姓名：　　　性别：　年龄：　　联系方式：
	身高：　　体重：　　　腰围：　　　BMI： 收缩压：　舒张压：　　心率：　　　空腹血糖：
	是否伴有以下症状？ □头晕、头痛　□胸闷、胸痛　□疲劳、乏力　□恶心、呕吐 □双下肢水肿　□视物模糊 饮食习惯：□高脂饮食　　　□喜吃甜食 　　　　　□每天食盐超过 6g(较咸)　　□以植物油为主 　　　　　□水果蔬菜摄入量多　　　□其他： 精神压力：□较大　　　□一般　　　□不大 运动情况(每日)：□60min 以上　□30～60min　□30min 以下

患者基本信息	不良嗜好： 烟：　　　　酒：
	过敏史： 药物/食物：　　　　　　处置：
	现病史： 既往病史： 家族病史：
	合并的其他疾病： □糖尿病　□高脂血症　□高尿酸血症　□冠心病 □蛋白尿　其他：

药物使用情况	药物通用名称	规格/剂型	用法	用量	起始时间	停止时间

药物服用方法	是否清楚？
药物注意事项	是否清楚？
服药顺从度	□坚持用药　□偶尔忘记　□好转即停药

表 6-7　糖尿病慢病用药指导及评估

档案号：　　　　建档日期：　　　　建档地点：　　　　建档人：

用药指导	1.药物药理作用及机制： 2.药品正确的使用方法、剂量和时间： 3.药品禁忌与不良反应： 4.药品使用注意事项、药品的贮藏： 5.发生特定情况的处理 (1)低血糖,漏服： (2)疗效不达标： (3)严重不良反应：

辅助设备 使用指导	家用血糖仪使用方法,自我血糖监测时的注意事项: 胰岛素"笔"型注射器使用方法指导;注射部位与方式的指导:
健康指导	1.疾病知识与健康教育: 2.生活、运动指导: 3.饮食管理: 4.并发症的预防与处理:
随访评估	1.指标控制: 2.症状控制: 3.药物评价(安全、有效、依从、不良反应): 4.自我血糖监测与复诊: 5.生活方式改善:

表6-8 高血压慢病用药指导及评估

档案号: 建档日期: 建档地点: 建档人:

用药指导	1.药物药理作用及机制: 2.药品正确的使用方法、剂量和时间: 3.药品禁忌与不良反应: 4.药品使用注意事项、药品的贮藏: 5.发生特定情况的处理 (1)低血压: (2)疗效不达标: (3)严重不良反应: (4)漏服的处理方法:
血压测量 方法指导	血压测量方法与程序:
健康指导	1.疾病知识与健康教育: 2.生活、运动指导: 3.饮食管理: 4.并发症的预防与处理:
随访评估	1.指标控制: 2.症状控制: 3.药物评价(安全、有效、顺从、不良反应): 4.生活方式:

1.坚持以患者中心，坚守职业道德与情操。尊重生命，关爱患者，注重患者感受和隐私，有用通俗语言解除患者疾苦的爱心。

2.用药指导包括药物药理作用及机制、药品的用法（具体服药时间、特殊剂型的用法）、用量、药物注意事项、不良反应及处置、禁忌、贮存条件。

3.做好记录，首次建档采取面对面方式，后续回访可采取面对面或电话、网络方式。

评价标准

见表 6-9。

表 6-9　慢病患者用药服务评价表

序号	评价内容	评价标准
1	慢病管理档案建立	档案内容填写正确、完整
2	教会患者自我检测与使用相关仪器	能教会患者正确使用血压计、血糖仪、胰岛素"笔"型注射器
3	解读慢病检测指标	正确解读血压值、血糖值的临床意义
4	用药指导	根据医嘱，结合患者实际情况进行用药指导，包括药物药理作用及机制、适应证、药品的用法（具体服药时间、特殊剂型的用法）、用量、药物注意事项、不良反应及发生特定情况的处理、禁忌、贮存条件
5	健康宣教	根据患者的实际情况进行健康知识宣教，要求患者接受慢病（糖尿病、高血压）教育，学习其相关疾病知识，以乐观的心态面对疾病　　注意对血压、血糖的自我检测，严格按照方案服药，养成严谨的服药习惯，控制饮食，适量运动，定期去医院复查
6	随访评估	根据患者的情况围绕患者血糖/血压指标控制、症状控制、药物评价、生活方式等方面进行随访评估
7	服务质量	服务态度好，患者评价高

实训 6-53　糖尿病患者服务

基本技能

1.掌握糖尿病相关知识，具备针对糖尿病的健康宣教能力与指导糖尿病患者进行饮食管理的能力。

2.掌握糖尿病治疗控制目标与用药原则，具备指导糖尿病患者用药的能力。

3.具备教会糖尿病患者自测血糖的能力。

4.具备教会患者正确使用胰岛素"笔"型注射器的能力。

操作要求

1.为患者建立糖尿病慢病管理档案。

2.为患者提供用药及疾病健康指导。

3.为患者提供血糖监测指导。

4.对于有胰岛素注射需求的患者，指导其正确使用胰岛素"笔"型注射器。

5.服药1个月以后，请为患者作疾病用药评估。

情景模拟一

张某，男，20岁，大学生，2019年12月到药店咨询。因近1个月来出现明显的多食、易饥饿、口渴、尿多到医院检查，经查：空腹血糖9mmol/L，餐后2h血糖16mmol/L，糖化血红蛋白（HbA1c）8%，医生诊断为糖尿病（1型）。医生开具地特胰岛素［3ml：300单位（笔芯）］治疗，住院治疗4周后，疗效较好，出院后医生要求患者继续使用胰岛素治疗，并开具重组甘精胰岛素注射液（商品名称长秀霖，规格3ml：300单位），要求患者自己每日晚餐前30min注射8单位，并要求每天3次自己做血糖检测，并根据血糖控制情况及时与医生沟通确定治疗方案。

患者基本情况：身高170cm，体重60kg，腰围85cm，血压收缩压130mmHg、舒张压80mmHg。父亲有1型糖尿病病史，否认有药物过敏史，无蛋白尿与周围神经病变。

有吸烟史，喜欢饮酒，每次约150ml，每次进食均以吃饱为度，米饭每顿约3两（1两＝50g），喜欢肉食，中午、晚上各约80g，隔天吃点鱼、豆类，平均每天约30g，不喜欢食蔬菜，每次约200g，喜欢吃带甜味水果，每天约4两，不爱运动，每日运动时间不到20min。

1个月后经随访了解到：患者能按医嘱及时注射胰岛素，用药后空腹血糖 5.8mmol/L，餐后 2h 血糖 10.0mmol/L，HbA1c 4.8％，口渴、尿多现象有所改善。但患者对糖尿病认识不科学，很焦虑，怕糖尿病对身体影响很大，但又不能很好管控自己的饮食。

情景模拟二

郭某，男，75 岁，退休人员。近 1 个月以来，患者出现胸闷、心慌，双下肢皮肤瘙痒，视力下降、模糊。经询问：患有 2 型糖尿病 13 年，一直服用盐酸二甲双胍肠溶片（规格 0.25g），一次 0.25g，一日 2 次，餐前服用；格列齐特缓释片（规格 30mg），一次 60mg，一日 1 次，早餐时服用。空腹血糖波动在 7～8mmol/L。患者口渴，爱饮水，小便多，易饥饿，有活动后胸闷情况，双下肢无溃疡。经检查：心率 82 次/分，冠状动脉造影出现冠脉硬化、狭窄；血糖示空腹血糖 8mmol/L，餐后 2h 血糖 16mmol/L，糖化血红蛋白（HbA1c）9％，空腹血清胆固醇（TC）6.2mml/L，三酰甘油（TG）3.4mml/L。医生诊断糖尿病（2 型）合并冠心病、高脂血症。开具药物：盐酸二甲双胍肠溶片（规格 0.25g），一次 0.5g，一日 2 次，餐前服用；格列齐特缓释片（规格 30mg），一次 90mg，一日 1 次，早餐时服；阿卡波糖片（规格 50mg），一次 50mg，一日 3 次，餐中咀嚼服用；瑞舒伐他汀钙片（规格 10mg），一次 10mg，一日 1 次，晚上服用；阿司匹林肠溶片（规格 100mg），一次 100mg，一日 1 次，早餐饭前用适量水送服。

患者基本情况：身高 165cm，体重 65kg，腰围 85cm，有高血压病，服用苯磺酸左旋氨氯地平片（规格 10mg），一次 10mg，一日 1 次，血压控制在 140/85mmHg 左右。

患者有糖尿病家族史，无药物或食物过敏史。但是有 30 年吸烟史，现每日约 10 支，家人聚餐时饮酒，量少约 200ml/周，喜食面食，每日以饱为度，每次进餐面食或米饭约 150g，喜欢食肉尤其肥肉，每天 50g，豆类、鱼类每天约 20g，蔬菜每天约 200g，水果每天 50g 左右，每周 2 次运动，每次 20min，慢走。

1 个月后经随访了解到：在家人提醒下能按医嘱及时吃药，目前空腹血糖 6.0mmol/L，餐后 2h 血糖 10.5mmol/L，口渴、多尿现象有所改善。但患者文化不高，对糖尿病认识不深。

实训 6-54　高血压患者服务

基本技能

1.掌握高血压相关知识，具备针对高血压的健康宣教能力与指导高血压患者进行饮食管理的能力。

2.掌握高血压治疗控制目标与用药原则，具备指导高血压患者用药的能力。

3.掌握血压检测方法，具备教会患者自测血压的能力。

情景模拟一

沈某，男，45岁，公务员。近3天来出现头痛、头晕。经询问：3年前因血压高，被诊断为高血压（2级），医生开具苯磺酸左旋氨氯地平片（规格5mg），一次5mg，一日1次，平时按照医嘱服药，血压控制良好，可以如常人一样正常生活。1周前因出差没有带抗高血压药而导致漏服药物1周，出现头痛、头晕症状，平时无胸闷、视物模糊现象，常感觉疲劳、乏力。经查：血压165/105mmHg，空腹血糖5.8mmol/L。医生诊断：高血压（2级）。开具苯磺酸左旋氨氯地平片（规格5mg），一次5mg，一日1次，早餐前服用。

患者基本情况：身高170cm，体重85kg，心率82次/分，腰围95cm。有20年吸烟史，现每日10支左右，平常每天饮酒，每次约150ml，喜欢食肉食，每天约200g，口味较重，不喜欢蔬菜，每天约100g。公务员心理压力大，喜食甜的食品，每周约2次运动，每次30min，慢走为主。无高脂血症和糖尿病病史，无家族病史，否认有药物过敏史。

1个月后经随访了解到：患者对高血压认识不足，平时不太重视，认为只要服药就能控制血压，经常漏服抗高血压药。服药后很少发生头痛、头晕，出现了左下肢水肿现象，目前测量血压130/85mmHg，几次测量波动明显。

情景模拟二

韩某，男，75岁，退休工人。近1周来出现胸闷、头痛、头晕到医院就医。经询问：患有高血压病20年，长期服用硝苯地平缓释片（规格20mg），一次20mg，一日1次。有心绞痛发作史，近1年出现视力下降，视物模糊，皮肤感觉无异常，无水肿、呕吐现象。经查：血压155/100mmHg，尿蛋白（＋＋），心率86次/分，空腹血糖6.8mmol/L，空腹血清总胆固醇（TC）7.8mmol/L，三酰甘油（TG）3.2mmol/L，低密度脂蛋白胆固醇5.4mmol/L。医生诊断：高血压（2级）合并高脂血症、蛋白尿。开具：厄贝沙坦片（规格150mg），一次150mg，一日1次，早饭前服用；硝苯地平缓释片（规格20mg），一次20mg，一日1次，早上空腹服用；阿托伐他汀钙片（规格20mg），一次20mg，一日1次，睡前服用；阿司匹林肠溶片（规格100mg），一次100mg，一日1次，早餐饭前用适量水送服。

患者基本情况：身高 165cm，体重 75kg，腰围 93cm，有 40 年吸烟史，现每日 10 支左右，每天饮酒约 50ml，喜食咸菜，爱肉食，蔬菜每天约 200g，每天打太极拳 30min，无家族病史，否认有药物过敏史。

1 个月后经随访了解到：患者文化程度不高，对高血压认识不充分，日常生活中不注意饮食控制。在家人提醒下能按时服药，未发现明显不良反应，目前基本没有胸闷、头痛、头晕现象，测量血压 130/80mmHg。

项目七
药品销售管理

任务一　药品批发销售管理

数字资源

7.1.1　药品经营企业客户资料

7.1.2　诊所客户资料

技能目标

1. 能索取购货单位资料。

2. 能审核购货单位资质，核实采购人员和提货人员身份证明。

3. 能建立客户档案。

4. 能如实、准确地开具销售清单。

5. 能根据客户要求开具药品销售增值税专用发票或药品销售普通发票。

实训 7-1　购货单位资格审核

情景模拟

　　本年度 3 月底，晨阳医药有限公司商务事业部业务员王某某新开发了 1 家药品批发企业客户，医疗事业部业务员赵某某新开发了 1 家诊所。现需要按照 GSP 要求对购货单位资格进行审核审批，保证药品销售流向真实性、合法性。

1. 销售人员索取购货单位相关资料以及采购人员和提货人员资料，检查资料是否齐全。

2. 质量管理员核查资料，包括许可证和认证证书（目前仍然在有效期内的）的核实、营业执照的核实（购货单位为公立医院的不需要审核营业执照），以及购货方采购人员与提货人员的身份证复印件、签字样式、购货单位法定代表人授权书原件的核实。

3. 销售人员凭账号、口令登录计算机系统，依据权限，进入购货单位资料录入界面，录入购货单位信息。

4. 按照购货客户资格审批流程报业务部经理和质量管理部审核批准。

5. 审批合格后，质量管理员将审批表和资料整理归档，建立客户档案，系统自动更新购货单位资料目录。

1. 药品经营企业客户资料，见扫一扫 7.1.1 药品经营企业客户资料。

2. 诊所客户资料，见扫一扫 7.1.2 诊所客户资料。

1. 所销售药品必须符合购货单位的许可范围，严禁超范围供货。不得采用有奖销售、附赠药品或礼品等销售方式。

2. 审核过程中要严谨、认真，严格按照规范的要求，逐个、逐项检查所有资料的真伪性和有效性。

3. 要秉持实事求是的职业道德，在营销宣传中应严格执行国家有关的法律、法规介绍药品，不得虚假夸大宣传和诱导用户。

4. 要具备主动探究学习意识和信息素养，及时了解行业新技术、新规范，保持职业适应性。

5. 药品经营企业禁止销售米非司酮等用于避孕、终止妊娠的处方药给药品零售企业，只能销售明确标注有 OTC 标示的非处方避孕药。

见表 7-1。

表 7-1　购货单位资格审核评价表

序号	评价内容	评价标准
1	资料收集	企业资料收集完整
2	资料核查	项目核查齐全
		内容核查准确无误
3	资料归档	能将资料整理归档,建立客户档案

实训 7-2　销售清单开具

情景模拟

本年度 4 月 5 日,刘炳珊耳鼻喉诊所向晨阳医药有限公司业务员赵某某提报了药品需求计划。按照晨阳医药有限公司销售管理制度规定,单品种毛利率低于 2%,不能销售。根据客户需求,结合公司药品库存和进价情况,为客户开具销售清单。

操作要求

1.业务员根据客户需求计划,查询公司库存和进价情况,下达销售订单,如有问题与客户协商解决。

2.开票员审核销售订单,开具销售清单,内容包括药品的通用名称、规格、剂型、批号、有效期、生产厂商、上市许可持有人、购货单位、销售数量、单价、金额、销售日期等内容。

3.审核无误后,打印销售清单。

材料准备

1.刘炳珊耳鼻喉诊所药品需求计划,见表 7-2。

2.销售清单样表,见表 7-3。

3.公司库存情况,见扫一扫 3.5.1 药品库存清单。

表 7-2　刘炳珊耳鼻喉诊所药品需求计划

品名	规格	剂型	单位	产地	供货价(元)	数量
盐酸氨溴索口服液	10ml	口服溶液剂	盒	不限	5.80	200
拜阿司匹林肠溶片	25mg	肠溶片	盒	不限	8.00	100
云南白药气雾剂	85g	气雾剂	盒	不限	38.50	100
强力枇杷露	250ml	糖浆剂	盒	不限	19.20	200

表 7-3 销售清单样表

部门：销售部 　　　　业务员：×× 　　　　单号：×××××××

开票日期：××××年×月×日 　　　　购货单位：×××

发货日期：××××年×月×日 　　　　收货地址：×××××××

发货库：×××

商品通用名称	规格	剂型	批准文号	上市许可持有人/生产企业	生产日期	生产批号	有效期至	单位	数量	单价	金额	质量状况
合计金额	(大写)						(小写)					
开票员	×××	保管员		×××		复核员	×××	收货人			收货日期	
备注：①第一联发货联；②第二联客户联；③第三联存根联；④第四联财务联												

注意事项

1. 购货单位审核通过后，销售人员方可进行药品销售和接洽，杜绝与非法购货单位发生业务往来。

2. 销售人员销售药品既要满足客户需求，又要符合公司销售管理规定，客户需求不能满足时，应及时与客户沟通协调，避免影响客户药品使用。

3. 销售药品应掌握公司库存状态，按照销售预定价格要求制订销售订单。

4. 开票员按照销售订单要求开票，如有疑问，及时与业务员沟通协调。

5. 根据"先产先出、近期先出"的原则开具销售清单，近效期 3 个月的药品原则不能开出，开近效期 6 个月的药品需征求销售人员意见。

评价标准

见表 7-4。

表 7-4　销售清单开具评价表

序号	评价内容	评价标准
1	销售订单制定	订单药品销售价格符合公司最低销售毛利要求
2		订单药品产地符合客户需求
3		订单药品数量与客户需求一致
4	销售清单开具	遵循"近期先出"原则
5		清单内容准确、无误

任务二　药品零售管理

技能目标

1. 掌握药品零售管理。
2. 能准确进行门店日常管理。
3. 能严格执行处方管理办法，进行处方药购买审核。
4. 能根据处方内容正确调配，并对患者进行用药指导。

实训 7-3　门店店员日常管理

情景模拟

于某某，××药店连锁有限公司××门店店员，今日下午 2 点至晚上 10 点门店值班，完成日常门店管理工作。

操作要求

1. 准确进行门店交接班工作

（1）清点门店底款、营业额。

（2）完成中药一类贵细药品交接工作。

（3）填写门店交接班工作记录。

2. 营业前准备工作

（1）营业前物料准备工作：整理电子收银机、清单发票数量、校正戥秤；准备电子计算器、发票、签字笔、包装袋等物料。

（2）货架整理工作：核对药品分类摆放是否有误，检查药品包装质量；整理货架与标签，保证药品排列整齐，标签齐全正确；适当补充已售药品，保证货品充足。

3. 门店缺货情况统计与上报

（1）盘点门店现有药品情况。

（2）统计紧缺货品情况。

（3）填写补货清单并发送给采购部门。

4. 顾客服务

（1）检查顾客意见簿情况，及时反馈意见。

（2）根据会员登记手册对会员进行有效服务。

5. 整理环境卫生

（1）打扫营业场地，整理门店柜台。

（2）调节门店灯光设备，保证门店明亮舒适。

（3）调节通风/制冷/取暖设备，填写温湿度记录表。

材料准备

1.交接班工作记录。

2.顾客意见簿。

3.温湿度记录表。

注意事项

1.门店交接过程中要仔细、认真，做好记录，严格按照规范的要求逐个、逐项核对交接材料内容，注意工作态度严谨。

2.提前准备好发票、签字笔、包装袋等物料，可根据个人习惯放置于固定位置，保证工作有序开展。

3.货架整理和标签整理过程中应逐个检查核对，做到货价相符、货签对应。药品检查过程严格按照 GSP 规定进行处理，保证药品质量。

4.盘点货品及上报补货清单过程中要严格仔细，注意不同产品的厂家、规格的区别，保证登记、上报准确。

5.整理门店环境卫生过程中不留死角，保持门店干净卫生、明亮整洁、环境舒适。

6.门店管理过程中要秉持严谨仔细的工作理念和耐心细致的工作态度，保证门店工作准确完成，避免差错。

7.具备关爱患者的职业道德素质，强化主动学习意识，提升专业知识储备量，保持职业适应性。

评价标准

见表 7-5。

表 7-5　门店店员日常管理评价表

序号	评价内容	评价标准
1	门店交接	贵细药品交接无误
2		交接班工作手册书写端正,项目填写完整无误
3		收银台检查无误,戥秤校正准确
4	物料准备	电子计算器、发票、签字笔、包装袋等物料准备齐全、摆放合理
5		按分类原则整齐排列货架药品
6		标签与货品匹配无误,缺货位补货正确

序号	评价内容	评价标准
7	缺货情况统计上报	货品盘点准确无误
8		紧缺货品信息登记准确无误
9		补货清单书写准确,补货数量适当
10	顾客服务	顾客意见簿信息汇总准确,处理恰当
11		会员服务内容准确细致,使用文明用语,态度温和
12	环境卫生整理	营业场所干净卫生,无积尘、无污渍,展柜美观,店内走道畅通
13		温湿度调节合理,表格填写完整,阴凉区温度适宜
14		门店内灯光亮度适宜,整体环境明亮舒适

实训 7-4　门店店长日常管理

情景模拟

常某某,××药店连锁有限公司××门店店长,今日门店值班,完成日常门店管理工作。

操作要求

1.晨会准备与组织晨会

(1)晨会准备:整理前日销售数据并分析问题,掌握公司最新信息通知,制定当日销售目标。

(2)组织晨会:组织考勤,检查员工仪容仪表,强调重点事项(如销售目标、促销活动等),优秀员工经验分享,店员开展具体工作。

2.营业前门店情况检查

(1)营业前收银工作检查:核对营业底款与零钱情况,检查收银设备设施情况。

(2)营业前货品检查:核对既往药品库存情况、今日新到药品清单、药品陈列和摆放情况、药品标签价格等情况。

(3)营业前物料检查:检查药品包装材料、药品称量设备、会员服务设备情况（如血压计、血糖仪）等。

（4）营业前环境卫生检查。

（5）检查温湿度调控、消防设备设施、灯具设施运行情况。

3. 实时销售数据跟踪与处理、顾客信息登记与服务

（1）实时销售数据跟踪与处理：关注门店销售数据，协助店员促进销售，根据实际货品库存情况协调调货。

（2）顾客信息登记与服务：及时登记顾客信息，满足顾客需求；合理处理退换货问题，解决顾客疑问；针对突发事件，及时有效处理。

材料准备

1. 销售日报表。

2. 会议记录。

3. 岗位日常检查记录单。

注意事项

1. 晨会前精心准备，晨会中严格组织考勤，有效利用优秀员工的榜样作用促进门店销售工作，注重团队协助能力。

2. 营业前门店检查仔细认真，保证计量设备设施准确可靠，依规使用。

3. 巡店过程中依据客流情况整体调度员工工作，分析解决问题，及时协调货品补缺，保证销售业绩。

4. 处理顾客需求、退换货等过程中注意态度温和，耐心细致，做到换位思考，使用有效方法圆满解决问题。

5. 门店管理过程中要秉持严肃认真的工作态度和团队协作的管理理念，有效促进店员共同努力，保证门店销售工作圆满完成。

评价标准

见表7-6。

表7-6　门店店长日常管理评价表

序号	评价内容	评价标准
1	晨会准备与组织晨会	晨会资料准备完整细致
		晨会考勤严格仔细
		检查员工仪容仪表
		重要事项传达准确
		遴选榜样员工适合

序号	评价内容	评价标准
2	营业前门店情况检查	仔细检查收银设备设施。仔细核对营业底款、零钱
		仔细核对现有货品及新到货品。考察药品陈列规范性,考察药品摆放情况与药品标签匹配情况
		检查药品包装材料准备情况。校正药品称量设备。检查会员服务设备使用情况
		检查营业场所卫生情况。检查温湿度调节情况与表格填写情况。检查灯具设施运行情况。检查消防设施使用情况
3	实时销售数据跟踪与处理、顾客信息登记与服务	巡店时间合理,有效调度店员。检查门店常规表格填写情况,无遗漏无错误
		指导店员提升销售技巧,协助门店销售工作
		结合销售情况,有效制定销售策略。结合药品库存情况,及时解决调货问题
		登记顾客信息及时准确,合理处理退换货问题,针对突发事件,快速有效处理

实训 7-5　处方审核

情景模拟

杨某某,××药店连锁有限公司××门店驻店执业药师,今日门店值班,有顾客持处方来店购药,需对顾客所持处方进行审核。

操作要求

根据《处方管理办法》及其他相关法规要求,完成以下操作:

1. 从所给定处方中找出合理处方,写出合理处方的编号,并在合理处方对应位置签字。

2. 从所给定处方中找出不合理处方,写出不合理处方的编号及分析存在的问题。

材料准备

药品处方 5 份,详见图 7-1 至图 7-5。

×××××医院处方笺

病历号（门诊☑/住院□）：　　　　　　　日期：×××

姓名：张××　　　1.男☑　2.女□　年龄：45岁
科别：呼吸内科　　　　　病区/床号：×××
费别：1.自费□　2.医保☑　3.保健对象□　4.其他□

临床诊断：　过敏性支气管炎伴感染

Rp

特非那定片　60mg×12片　1盒
sig：60mg　bid　po
克拉霉素片　0.25g×12片　1盒
sig：0.25g　bid　po
以下处方空白

医师：×××　　　　金额：×××　　　审核：
调配：　　　　　　　核对：　　　　　　发药：

图 7-1　药品处方 1

×××××医院处方笺

病历号（门诊☑/住院□）：　　　　　　　日期：×××

姓名：李××　　　1.男☑　2.女□　年龄：30岁
科别：呼吸内科　　　　　病区/床号：×××
费别：1.自费□　2.医保☑　3.保健对象□　4.其他□

临床诊断：　上呼吸道感染

Rp

氨酚伪麻美芬片(日片)/氨麻美敏片Ⅱ(夜片)　15片/盒　2盒
sig：每次一片　bid　po
美扑伪麻片　20片/盒　2盒
sig：每6小时1片　po
以下处方空白

医师：×××　　　　金额：×××　　　审核：
调配：　　　　　　　核对：　　　　　　发药：

图 7-2　药品处方 2

×××××医院处方笺

病历号（门诊☑/住院□）：　　　　　　　日期：×××

姓名：孙××　　　1.男□　2.女☑　年龄：35岁
科别：1.自费□　2.医保☑　3.保健对象□　4.其他□
费别：　　　　　　病区/床号：×××

临床诊断：　阴道炎

Rp

康妇清炎栓　7粒/盒　1盒
sig：1粒　bid　hs　阴道上药
以下处方空白

医师：×××　　　　金额：×××　　　审核：
调配：　　　　　　　核对：　　　　　　发药：

图 7-3　药品处方 3

×××××医院处方笺

病历号（门诊☑/住院□）：　　　　　　　日期：×××

姓名：张××　　　1.男□　2.女□　年龄：60岁
科别：口腔科　　　　　病区/床号：×××
费别：1.自费□　2.医保☑　3.保健对象□　4.其他□

临床诊断：　广泛性慢性牙周炎根折

Rp

洛芬待因缓释片　10片　1盒
sig：1片　prn　po
以下处方空白

医师：×××　　　　金额：×××　　　审核：
调配：　　　　　　　核对：　　　　　　发药：

图 7-4　药品处方 4

×××××医院处方笺

病历号（门诊☑/住院□）：　　　　　　　日期：×××

姓名：赵××　　　1.男□　2.女☑　年龄：30岁
科别：妇产科　　　　　病区/床号：×××
费别：1.自费□　2.医保☑　3.保健对象□　4.其他□

临床诊断：　妊娠高血压

Rp

马来酸依那普利片　10mg×16片　2盒
sig：20mg　qd　po
左甲状腺素钠片　50μg×100片　1盒
sig：50μg　bid　po
以下处方空白

医师：×××　　　　金额：×××　　　审核：
调配：　　　　　　　核对：　　　　　　发药：

图 7-5　药品处方 5

1.注意处方审核人员合法性,应由具有药师及以上药学专业技术职务任职资格的人员负责。

2.处方审核中应严格按照审核流程与审核内容进行仔细审核,保证患者用药安全。

3.审核后合理处方应准确进行药品调配,指导患者合理用药。

4.不合理处方应拒绝调配,与患者进行有效沟通,指导患者与处方开具医生反馈,保证患者用药安全。

5.主动学习,加强专业知识储备量,保持职业适应性,具备关爱患者的职业道德素质。

评价标准

见表7-7。

表 7-7　处方审核评价表

序号	评价内容	评价标准
1	处方审核人员资质	应由具有药师及以上药学专业技术职务任职资格的人员进行审核
2	处方审核	能正确找出合理处方,并正确签字
		能正确找出不合理处方,并找出不合理处方存在的问题

实训 7-6　处方调配

情景模拟

张某,男,持××医院门诊处方来××药店连锁有限公司××门店购药。已知今日门店值班人员为驻店执业药师张某和门店店员李某,驻店执业药师张某对处方进行了审核,判定处方为合理处方,现请帮助患者完成此次处方购药服务。

操作要求

根据《处方管理办法》及其他相关法规要求,完成以下操作:

1.对处方进行解读,根据处方正确完成调配,并正确书写处方笺中各药品标签。

2. 准确在处方笺相应位置签字。

3. 处方调配后准确填写《处方药销售登记表》，见表7-8。

表 7-8 处方药销售登记表

药品名称	规格	批号	数量	患者姓名	性别	年龄	联系方式	诊断结论或病情主诉	告知确认	经销人签字

材料准备

1. 药品处方笺，见图7-6。

2. 药品标签，见图7-7。

处方编号：008　　　　　　　　　当日有效

×××××医院处方笺

病历号（门诊☑/住院□）　　　　　　　日期：×××

姓名：张××　　　　1.男□ 2.女☑　年龄：45岁
科别：呼吸内科　　　　病区/床号：×××
费别：1.自费□ 2.医保☑ 3.保健对象□ 4.其他□

临床诊断：支气管炎

Rp

头孢丙烯分散片　0.25g×6片　4盒
sig: 0.5 mg bid po
复方福尔可定溶液　120ml/瓶　2瓶
sig: 15ml tid po
桉柠蒎肠溶胶囊　0.3g×18粒　1盒
sig: 0.3g tid po
以下处方空白

医师：×××　　　金额：×××　　　审核：张某
调配：　　　　　核对：　　　　　发药：

图 7-6 药品处方笺

药品标签

姓名：　　　　　性别：　　　　　年龄：

药品名称：

药品规格：　　　　　　　　数量：

用量：　　　　　　　　用法：

图 7-7 药品标签

3. 处方药销售登记表，见表 7-8。

注意事项

1. 处方调配时应仔细、认真，严格执行处方调配要求与复核操作，保证调配准确。

2. 处方调配人员、核对人员、发药人员均应在处方单上签字确认。

3. 对贵重药品、第二类精神药品等特殊药品应按照要求登记管理。

4. 调配过程中注意药品包装质量、效期情况，按照"先进先出"的原则调配药品。

5. 严格执行复核制度，保证调配准确。

6. 对患者进行用药指导时应耐心细致，正确书写标记药品用法用量及特殊保管要求，注重对患者的关爱。

7. 不合理处方应拒绝调配，并反馈处方开具医生与患者，保证患者用药安全。

8. 主动学习，加强专业知识储备量，保持职业适应性，具备关爱患者的职业道德素质。

评价标准

见表 7-9。

表 7-9　处方调配评价表

序号	评价内容	评价标准
1	处方调配各人员资质	处方核对、发药以及安全用药指导应由具有药师及以上药学专业技术职务任职资格的人员进行审核
		未取得相应资格者（药士）应在药师指导下从事处方调配工作
2	调配处方	药品货柜寻找准确快速
		仔细查看药品是否包装完好、质量稳定
		查看药品有效期在使用期限内
		四查十对 (1)查处方：对科别、对姓名、对年龄 (2)查药品：对药名、对剂型、对规格、对数量 (3)查配伍禁忌：对药品性状、对用法用量 (4)查用药合理性：对临床诊断
3	药品标签书写	药品标签书写正确

序号	评价内容	评价标准
4	处方签字确认	调配人员正确签字
		核对人员正确签字
		发药人员正确签字
5	处方管理	填写《处方药销售登记表》
		按照处方管理方法回收、保存处方

任务三　售后管理

技能目标

1. 能规范地进行药品的退货。
2. 能规范地进行药品的召回。
3. 能规范地进行药品不良反应的收集、填报及处理。
4. 能规范进行药品审货的取证及处理。

实训 7-7　退货药品处理（门店）

情景模拟

　　李大爷是一位伴有轻微哮喘的高血压患者，长期服用硝苯地平进行血压控制。近期李大爷家里的硝苯地平缓释片已接近用完，但李大爷因受凉感冒、身体不适委托邻居小王前往药店帮忙购买2盒硝苯地平缓释片。小王到达甲药店后，被店员告知硝苯地平缓释片这几天缺货，并经简单询问后向小王推荐了更加便宜的普萘洛尔。小王将药品拿回给李大爷，李大爷告知不符合自己的用药习惯，需要退回药品。无奈之下，小王回到药店要求退货，并前往其他药店购买硝苯地平缓释片。假如你是甲药店的店员，如何处理小王的退货要求？

操作要求

　　1. 比对销售记录、退回药品实物，检查药品包装是否完整。确认是否是本药店销售的药品，若不是本店销售药品，应直接拒收。
　　2. 核实为本药店销售药品，且药品包装完整，按照购进药品的验收规程重新进行验收。

3.按要求记录退回药品。

1.普萘洛尔片 2 盒。

2.药品（普萘洛尔片）销售记录。

3.退货药品处理记录表见《药品购销技术》第 299 页表 10-4。

4.销后退回药品验收记录表见《药品购销技术》第 261 页表 7-13。

注意事项

1.通过检查销售小票、系统销售记录，核实药品是否为本药店销售药品时，要逐项核查信息。

2.检查药品包装的完整性，若药品包装破损，应告知顾客不能退货。

3.进行退回药品验收时，要秉持实事求是的职业道德，避免在不确定的情况下，只凭主观意识做出判断。

评价标准

见表 7-10。

表 7-10 退货药品处理评价表

序号	评价内容	评价标准
1	核实销出退回药品	内容核实完整准确
2	填写药品退回记录表	填写规范完整
3	填写销后退回药品验收记录表	填写规范完整

实训 7-8 召回药品处理

情景模拟

某药品批发公司，从某制药有限公司购进了吉非替尼片 2000 盒（批号 201201，规格 0.25mg×10 片），2020 年 3 月药品监督管理局发布通告，该批次药品为不合格药品，要求涉及的企业或单位采取暂停销售、使用和召回等风险控制措施。该制药有限公司随后决定对该批次药品进行召回，药品批发公司针对以上情况，应该如何配合制药企业进行药品召回处理呢？

操作要求

1.对未出库剩余药品停止销售，就地封存。

2.查询出库药品的销售记录，逐一电话通知客户立即停止销售、使用该药品，对剩余药品就地封存，质管部应随后向客户下发召回通知。

3.将处置情况和进度向制药企业反馈，并向药品监督管理部门报告。

4.填写产品召回记录表。

材料准备

1.模拟销售给某家医院的药品销售记录。

2.产品召回记录表，见表7-11。

表 7-11 产品召回记录表

召回单位			时间	
品名	规格	生产企业	批号	数量
采购部处理意见： 负责人： 日期		质管部处理意见： 负责人： 日期		
召回情况： 销售部长： 日期				
召回处理情况： 采购部长： 日期				
召回处理确认情况： 质管部长： 日期				
备注：				

注意事项

1.公司要全力协助制药企业履行召回义务，要严谨、认真，严格按照召回计划的要求及时传达、反馈药品召回信息，控制和收回存在安全隐患的药品。

2.要秉持实事求是的职业道德，建立和保存完整的购销记录，保证销售药品的可溯源性。

3.要采取积极主动的工作态度，配合有关管理部门及往来单位，妥善处置召回药品，严格控制召回药品流向，不得流于形式，弄虚作假。

4.要具备主动探究学习意识和信息素养，及时了解行业新信息、新法规，保持职业适应性。

评价标准

见表 7-12。

表 7-12　召回药品处理评价表

序号	评价内容	评价标准
1	材料准备	召回处理需要的资料准备完整
2	查询入库、出库记录	材料齐全,出库产品溯源清晰,剩余药品处置适当
3	查询出库药品的销售记录	销售记录完整,药品可溯源性符合要求
4	产品召回记录表	记录完善,内容翔实

实训 7-9　药品不良反应报告

情景模拟

情景一

席某，男，40 岁，是一位刚刚确诊的糖尿病患者，现按照医嘱服用二甲双胍控制血糖。由于长期服用该药品，于是席某就在所住小区附近的药店购买。近期因与朋友聚会增多，饮食过量，自我血糖监测中发现血糖升高，便自行将二甲双胍加倍服用。服用后出现心悸、出汗、饥饿等症状。因怀疑为二甲双胍的不良反应，前往药店咨询。作为药店店员，你应如何处理？

情景二

郑某，男，20 岁，职业篮球运动员。近期在训练中不慎发生手指挫伤，不得不停止训练接受治疗。去药店咨询，坐堂医生开具了新药塞来昔布的处方。郑某在使用过程中出现了严重的腹泻，因怀疑该新药的不良反应，前往药店咨询。作为药店店员，你应如何处理？

操作要求

1.店员仔细询问顾客的不良反应情况，如实填写药品不良反应/事件报告表。

2.店员填写药品不良反应/事件报告表后，应通知药店质量负责人进行调查处理。

3.药店质量负责人确认需要上报时，由药店质量负责人负责向药监部门上报相关信息。

材料准备

1.盐酸二甲双胍缓释片1盒。

2.塞来昔布胶囊1盒。

3.药品不良反应/事件报告表见《药品购销技术》第300页表10-5。

注意事项

1.与顾客沟通过程中，必须保持同理心、耐心和爱心，以患者为中心，注重行为服务的专业化。

2.充分尊重顾客，注意保护患者的隐私。

3.当发生不能判断的情况时，必须实事求是，遵循法律法规要求，及时向药监部门上报。

评价标准

见表7-13。

表7-13 药品不良反应报告评价表

序号	评价内容	评价标准
1	与顾客沟通	用语礼貌,服务耐心
2	填写药品不良反应/事件报告表	填写规范,应填尽填

项目八
药品营销

任务一　医药市场调研

技能目标

1. 能制定市场调研方案。
2. 能灵活使用市场调研的基本方法。
3. 会设计市场调研问卷。

情景模拟

Z制药公司创建于20世纪80年代，为国内领先的制药企业，该企业生产的补钙药品F，自进入市场，一直为国内钙制剂一线产品，在医院及零售市场占据近32％市场份额，品牌知名度高达98％。经过几十年的发展，国内补钙产品市场发生明显变化，需求量增加，同类产品竞争愈演愈烈，这些都对补钙药品F的市场份额产生重大冲击。

万某某担任Y省大区经理3年，Y省为东部发达区域，历年销售额位居公司前三名，但今年全省第一季度补钙药品F销售额比同期下滑2％，市场份额比同期下滑3％。公司要求大区经理万某某认真做好市场分析，3个月内要实现市场份额恢复至下滑前水平。经向公司请示，万某某拟在全省开展一次调研活动，调研经费10万元，1个月内完成调研任务。

材料准备

1. 可上网的电脑、手机等移动设备。

2.打印机、A4 纸、签字笔等办公用品。

实训 8-1　市场调研方案撰写

操作要求

1.根据本项目任务一情景模拟的背景资料,设计一份市场调研方案。

2.调研方案要明确调查目的,确定调查对象(调查单位)、调查内容、调查方式和方法、资料整理和分析方案、调查进度、调查费用预算、调查组织计划等。

3.调研方法至少包括文案调研法、问卷调研法、观察法、面谈访问法等方法。

4.调研对象至少包括消费者、药店相关工作人员、医院相关工作人员等人群。

注意事项

1.严格遵守国家、行业相关规定及与药品相关的法律法规。

2.严格保守企业秘密,不能将企业信息资料外传,坚持诚实守信原则。

3.设计调研方案要注重可操作性及实用性。

评价标准

见表 8-1。

表 8-1　市场调研方案撰写评价表

序号	评价内容	评价标准
1	确定调查目的	目的明确、具体
2		表述准确,明确要解决的问题
3	确定调研对象和调研单位	有针对性、描述清晰
4		确定科学、合理
5	确定调研内容和调研项目	调研内容充分考虑调查对象特点
6		符合调研目的
7		内容表达明确
8		项目之间有关联性

序号	评价内容	评价标准
9	确定调查的方式和方法	调研方式选择合理
10		调研方法选择合理、具体
11		调研方法全面、符合要求
12	确定资料整理和分析方案	整理方案明确、具体
13		分析方案明确、具体
14	确定调查经费预算	经费预算科学、详尽
15	确定人员和安排工作进度	调研组织设计科学，人员配备合理
16		各阶段时间安排设计合理

实训 8-2 市场调研问卷设计

操作要求

1. 根据本项目任务一情景模拟的背景资料以及实训 8-1 中设计的市场调研方案，面向消费者和零售药店营业员设计 2 套调查问卷。

2. 每套调研问卷的问题不少于 15 个，制作成网络版（如问卷星）。

3. 调研问卷中问句的答案设计至少要包含二项选择法、多项选择法、顺位法（排序式）、量变形式 4 种方法。

注意事项

1. 根据调查主题，问题目的明确、重点突出，没有可有可无的问题。

2. 问题的排列应有一定的逻辑顺序，符合应答者的思维程序。

3. 问卷中语气要亲切，符合应答者的理解能力和认识能力，避免使用专业术语。

4. 回答问卷的时间控制在 20min 左右。

5. 便于资料的校验、整理和统计。

评价标准

见表 8-2。

表 8-2　市场调研问卷设计评价表

序号	评价内容	评价标准
1	问卷结构	结构完整
2	问卷内容	内容符合要求
3		调研问卷长短及数据统计符合要求
4	问题及答案	调研问卷问题及答案符合要求
5	问卷逻辑	调研问卷逻辑顺序符合要求

任务二　营销策略制定

技能目标

1. 掌握市场细分、目标市场选择、市场定位的方法和策略。

2. 能从产品策略、价格策略、渠道策略、促销策略等方面，设计产品的营销策略方案。

3. 能设计药品主题活动营销方案。

实训 8-3　某药品市场营销方案设计

操作要求

1. 请根据本项目任务一情景模拟的背景资料和实训 8-2 的调查结果，设计一个该药品的市场营销方案。

2. 营销方案内容要包含营销分析、市场细分及定位、营销组合策略（可以从产品策略、价格策略、渠道策略、促销策略四个方面进行设计）等方面。

材料准备

1. 目前医药市场上补钙类产品的调研分析报告。

2. 详细的产品资料。

3. 计算机、签字笔、A4 纸等相关办公用品。

注意事项

1. 营销策划方案的设计要具体，并具有可操作性。

2. 要有规范意识，严格遵守国家颁布的广告法、行业相关规定，不能夸大药品的功效。

见表 8-3。

表 8-3   市场营销方案设计评价表

序号	评价内容	评价标准
1	产品功能定位	能查阅该类药品的调研报告和产品功能介绍,总结出科学、严谨的产品功能
2		严格按照广告法的要求进行产品功能的描述
3	消费群体定位	能查阅该类药品的调研报告和产品功能介绍,准确分析判断出消费人群
4		能查阅该类药品的调研报告和产品功能介绍,准确定位消费人群消费水平
5	营销方案内容	主题明确,方案完整
6		方案可行性强,符合相关法律法规
7		方案与时俱进,有创新元素的融入

实训 8-4   主题活动某药品主题活动营销方案设计

情景模拟

时至今日,亚洲地区因骨质疏松引发的骨折发病率增加了 2～3 倍,同时随着人口的增加和老龄化,到 2050 年世界一半以上的骨折病例将出现在亚洲地区。《2017—2021 年中国补钙产品投资前期市场调查报告》显示,我国骨质疏松症已跃居常见病、多发病的第七位,60 岁以上人群的患病率为56%,女性发病率为 60%～70%。为了让广大消费者对补钙关注起来,让自己活得有"硬度",请设计一个补钙药品的主题活动营销方案。

操作要求

1.请结合实训 8-3 营销方案,明确本次专题活动主题,围绕主题选择适当的方式和内容。

2.撰写促销活动计划,细化活动方案。内容包括:活动目的、活动对象、活动主题、活动方式、宣传方式、物资准备、费用预算、效果评估等方面。

材料准备

1.计算机、海报纸、马克笔。
2.详细的产品资料。

注意事项

1.要有规范意识，严格遵守国家、行业相关规定，不能夸大药品功效。
2.严格保密患者的个人隐私，不能随意外传。
3.要具备主动探究学习意识和信息素养，及时了解行业新技术、新规范，保持职业适应性。

评价标准

见表 8-4。

表 8-4　主题活动营销方案设计评价表

序号	评价内容	评价标准
1	促销方案	主题、目标明确,方案完整
2	活动内容	体现企业目标与消费者需求相互联系
3		活动计划可操作性强,符合相关法规
4	方案报告	格式准确、安排合理
5	方案创意	有创意、新意,可以达到预设效果
6	团队协作	成员分工合理、团结协作

任务三　营销实施

技能目标

1.能完成商务谈判。
2.能进行客户拜访。
3.能组织各种营销会议。
4.能组织与实施患者教育活动。

实训 8-5　商务谈判方案制定

　　Y 制药厂主打产品为抗病毒口服液，每盒零售价格 16 元，已投放市场 6 年，销量和市场份额逐年递增，但一直未开发×××市医药市场，今年企业派出销售人员姜某某开发×××市场。孙某某经过前期调研获悉 J 零售连锁大药房为×××市当地最大的零售连锁药房，他准备以 J 零售连锁大药房为突破口，打开×××市销售市场。经过一个多月的努力，孙某某已经多次拜访了负责感冒类产品的采购员，该产品得到采购员认可，约好时间准备下周与采购主管见面并进一步谈判，力争达成合作意向。

操作要求

　　1.请根据本项目任务一情景模拟的背景资料做出谈判方案，包括产品知识与特点、价格与利润信息、促销政策，以及列举可能出现的异议问题及处置措施。

　　2.根据谈判方案准备好谈判资料：企业资料、产品资料、营销方案、名片、小礼品等。

　　3.进行客户拜访前模拟角色演练。

材料准备

　　1.感冒类产品市场分析报告。

　　2.Y 制药厂抗病毒口服液基本信息。

　　3.J 零售连锁大药房基本信息，包括门店数量及各门店基本情况（包括面积、销售额、客流量、店员情况等）、品牌影响力、本类产品销售额、竞品情况等。

注意事项

　　1.恪守诚实守信原则，向客户及患者推荐安全、有效、经济和优质的药品。

　　2.精心安排商务谈判的时间和地点，科学规划谈判进程。

　　3.谈判前要详细列出关键条款，分析明确条款与公司谈判目标之间的利害关系。

评价标准

　　见表 8-5。

表 8-5　商务谈判方案制定评价表

序号	评价内容	评价标准
1	产品策略	内容全面、翔实
2	客户信息	充分了解客户基本信息
3	预案准备	异议问题准备合理，处置措施得当
4	资料准备	资料充足、全面

实训 8-6　客户拜访方案制定

情景模拟

经过努力，Y 制药厂的抗病毒口服液终于进入 J 零售连锁大药房。业务人员姜某某开始将工作重点由连锁总部转移至连锁门店，通过拜访门店推进动销。为了提高拜访质量，同时满足公司的拜访要求，孙某某设计了门店的拜访路线，制定了 4 周的拜访计划。

操作要求

1. 根据门店级别、所处位置、需要拜访的频率要求、每日拜访数量等，制定 4 周的拜访路线计划，以表格形式列出。

2. 制定拜访计划，包括列出具体拜访目标、工具准备、可能遇到的问题及解决方案等信息。

材料准备

1. 门店拜访前的物料准备，包括名片、产品资料、小礼品等。

2. 100 家门店基本信息，包括门店名称、门店级别、详细地址、门店人员信息情况等。

注意事项

1. 要根据拜访计划实施，确保每一个终端药店都拜访到，从而为整个拜访做好充分的准备，同时可以衡量访问的效果。

2. 尽可能在拜访过程中合理合法地了解竞争产品的相关陈列与宣传、促销活动等情况。

评价标准

见表 8-6。

表 8-6　客户拜访方案制定评价表

序号	评价内容	评价标准
1	拜访路线规划	拜访路线规划合理
2	拜访计划制定	准确地说明拜访目标
3		全面地准备拜访所需的工具
4		根据拜访目标,预想可能出现的问题和解决方案
5		所填写的拜访计划结构完整、内容全面

实训 8-7　会议组织

情景模拟一　医药学术会议组织

某企业治疗高血压的新药已经进入某地医院,为了让相应科室医生尽快了解这种治疗高血压的新型药品的特点,促进处方用药,企业学术专员王某准备召开一次医院科室会,详细向相关科室医生介绍高血压临床现状及高血压防治措施。

情景模拟二　产品介绍会组织

某企业新上市一种治疗高血压的药品,营销总监要求企业商务代表王某组织一次产品介绍会,将这种治疗高血压的药品向所负责区域经销商客户介绍,完成经销商订货。

情景模拟三　客户答谢会

××医药集团为了表达对客户的感谢,于本年度 12 月 14 日 15：00 在 A 酒店召开"××医药集团客户答谢会暨产品推广会"。

操作要求

1. 根据三个情景模拟撰写会议组织方案,包括确定会议主题、拟邀请的参会人员及邀请函、会议时间和地点、讲课课件、会议所用物品、预估会议过程中的突发情况及预案等。

2. 与参会人员进行沟通,确认是否参会。

3. 角色扮演模拟开会现场,包括会场布置、参会人员接待、会议主持、产品演讲、互动交流环节等。

4. 根据模拟的会议场景情况做会议记录。

5. 根据会议内容对主要参会人员做出 3 次会后评估与跟进方案。

1. 制药企业介绍及其产品资料。
2. 参会客户背景材料。
3. 产品介绍 PPT 及相关资料。
4. 邀请函。
5. 经销商订货单（根据会议需要准备）。
6. 礼品。
7. 投影仪、激光笔、桌牌、海报。

注意事项

1. 熟悉会议流程，避免出现明显失误而耽误参会人员的时间，引起对方的反感情绪。
2. 注意会议过程中的有效沟通，注意专业措辞的严谨性和沟通技巧。
3. 严格保密患者的个人隐私，不能随意外传。

评价标准

见表 8-7。

表 8-7　会议组织评价表

序号	评价内容	评价标准
1	会前准备	明确会议主题
2		选择合理临床科室，与产品适应证匹配
3		会议时间选择合理
4		PPT 和会议物料准备齐全
5		突发情况及预案准备翔实
6	会中组织	商务接待礼仪到位
7		熟练完成公司和产品介绍
8		灵活、准确回答互动问题
9		会议记录填写完整
10	会后评估与跟进	能制定会后三次拜访时间和目的

实训 8-8　患者教育活动组织与实施

情景模拟

据统计，中国是全球糖尿病患者第一大国，2020 年患病人数高达 1.096 亿人，130 万人死于糖尿病及其并发症。与此同时糖尿病的发病率也在逐年递增，那么对于广大糖尿病患者而言，能够正确、安全、合理地使用药物，就显得尤为重要。世界卫生组织将每年的 11 月 14 日定为"世界糖尿病日"。为了提高患者对糖尿病的治疗认识，改善患者的生活质量，某连锁药店将于当天对会员开展一次糖尿病患者教育活动。

操作要求

1. 根据会员购药记录筛选出糖尿病患者。

2. 利用各种通信手段通知糖尿病会员患者参加教育活动。

3. 撰写出教育活动的策划方案，策划方案主要包括：活动主题、活动目标、活动地点、活动时间、活动流程、活动预期目标等。

4. 依据教育活动的策划方案实施活动，做好患者教育记录表。

5. 设计听课反馈调查表，了解患教活动的效果。

材料准备

1. 会员的购药记录。

2. 糖尿病防治知识 PPT。

3. 患者健康教育活动记录表。

4. 听课反馈调查表。

注意事项

1. 要求秉持良好的职业道德，向患者宣传疾病相关知识，不要只以销售药品为目的，禁止带有诱导性的宣传。

2. 活动过程中注意表达和沟通技巧，尽量不要使用专业化术语，以免患者不理解，达不到宣教的目的。

评价标准

见表 8-8。

表 8-8　患者教育活动组织与实施评价表

序号	评价内容	评价标准
1	筛选出糖尿病会员	能根据购药记录分析判断出糖尿病患者
2	消费群体定位	能根据会员信息联系糖尿病患者参加教育活动
3		能充分利用现在网络技术
4		具有良好的沟通能力和语言表达能力
5	活动策划	主题明确,方案完整
6		方案可行性强,符合相关法律法规
7		方案与时俱进,有创新元素的融入
8	活动实施	能正确填写患者教育记录表
9		整个活动过程与患者进行良好的互动
10		听课反馈调查表问题设计合理

项目九
经济核算

任务一　门店核算

1. 掌握各类非现金结算的流程。
2. 能正确进行非现金结算的操作。
3. 正确填写进销存日报表。

实训 9-1　各类非现金支付结算

　　一位顾客在药店中购买了价值 80 元的药品，可是身上携带的现金不足，也没有携带身份证、医保卡、银行卡等，请您帮助他使用微信支付完成收银结算。

1. 签字笔
2. 药店收银操作系统。

步骤一　收银准备

1. 打开电脑，登录药店收银系统，见图 9-1。

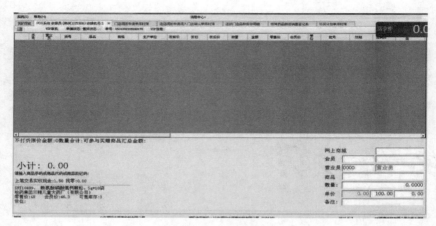

图 9-1　药店收银系统

2.欢迎顾客，按药店的服务标准问候顾客。

步骤二　支付结算

1.药品扫码，收银系统显示药品信息，见图 9-2。

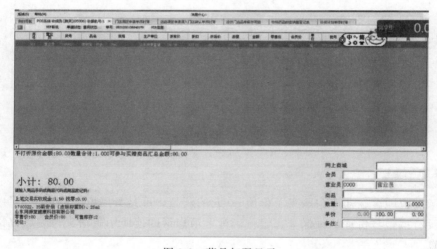

图 9-2　药品扫码显示

2.询问顾客选择何种方式付款，唱收，收银系统选择支付方式：微信支付宝，见图 9-3。

3.POS 机收费

（1）其他电子支付方式由 POS 机生成固定金额二维码，指导顾客如何扫码并进行支付。

（2）银行卡、信用卡、医保卡进行缴费时，有以下流程：收卡、确认并

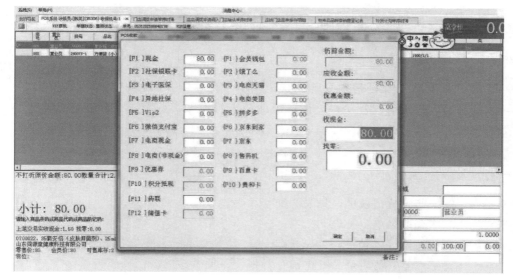

图 9-3　选择付款方式

审卡、刷卡、顾客签字、收银员认真核实一遍。

4.打印单据：收银员需要向顾客开具收款凭证，打印电脑小票或销售发票。选择付款键，完成交易。

5.发还顾客卡、证、单据：以上程序结束后，收银员应将电脑小票或销售发票（若为卡支付需连同卡、身份证件、卡单据）一起交给顾客，并唱付，留下单据中的药店一联。

注意事项

1.信用卡刷卡需要核实身份证。

2.在结算过程中需进行唱收、唱付。

3.收银员应文明、礼貌、熟练完成非现金收银工作。

评价标准

见表 9-1。

表 9-1　各类非现金支付结算评价表

序号	评价内容	评价标准
1	结算流程	支付结算的整体流程完整
2	收银系统操作	收银系统操作无误
3	不同类型操作	不同支付类型,操作灵活

实训 9-2 进销存日报表填写

情景模拟

现有 XYZ 大药房的采购到货记录单（表 9-2）、库存记录单（表 9-3）、药品销售记录单（表 9-4），请您帮助药店相关人员，完成今日（××××年 6 月 1 日）进销存日报表（表 9-5）的填写。

材料准备

1. 签字笔。
2. 采购到货记录单，见表 9-2。
3. 库存记录单，见表 9-3。
4. 药品销售记录单，见表 9-4。
5. 定点零售药店全品种进销存日报表，见表 9-5。

表 9-2 采购到货记录单

定点零售药店名称（章）：XYZ 药店　　　时间：××××年 06 月 01 日

药品编码	药品名称	规格	生产厂家	批准文号	生产批号	有效期	单位	采购价（元）	数量	金额（元）	备注
akbtp02	阿卡波糖片	30 片	拜耳医药保健有限公司	国药准字 H19990205	2020 1023	24 个月	盒	22	10	220	
amxljn01	阿莫西林胶囊	20 粒	深圳高卓有限公司	国药准字 H44021345	2021 0327	36 个月	盒	8	25	200	
atfttp01	阿托伐他汀钙片	7 片	北京嘉林药业股份有限公司	国药准字 H20093819	2021 0417	36 个月	盒	20	15	300	
fmmmp01	酚麻美敏片	20 片	上海强生制药有限公司	国药准字 H20010115	2020 1029	36 个月	盒	16	10	160	
jwxsp01	健胃消食片	24 片	江中药业股份有限公司	国药准字 Z36021464	2020 1203	24 个月	盒	10	12	120	
jwxsp02	健胃消食片	32 片	江中药业股份有限公司	国药准字 Z20013220	2021 0225	24 个月	盒	12	10	120	
合计										1120	

表 9-3 库存记录单

定点零售药店名称（章）：XYZ 药店　　　　时间：××××年 5 月 31 日

药品编码	药品名称	规格	生产厂家	批准文号	生产批号	有效期	单位	数量	备注
amxljn01	阿莫西林胶囊	20 粒	深圳高卓有限公司	国药准字 H44021345	2021 0327	36 个月	盒	4	
amxljn02	阿莫西林胶囊	20 粒	中诺药业石家庄有限公司	国药准字 H13023964	2020 1219	36 个月	盒	3	
akbtp02	阿卡波糖片	30 片	拜耳医药保健有限公司	国药准字 H19990205	2020 1023	24 个月	盒	5	
fmmmp01	酚麻美敏片	20 片	上海强生制药有限公司	国药准字 H20010115	2020 1029	36 个月	盒	2	
jwxsp01	健胃消食片	24 片	江中药业股份有限公司	国药准字 Z36021464	2020 1203	24 个月	盒	3	
jwxsp02	健胃消食片	32 片	江中药业股份有限公司	国药准字 Z20013220	2021 0225	24 个月	盒	5	
jtgjbjn01	胶体果胶铋胶囊	42 粒	上海全宇生物科技确山制药有限公司	国药准字 H20059265	2020 1130	24 个月	盒	9	
tsgp01	碳酸钙 D_3 片	36 片	惠氏制药有限公司	国药准字 H10950029	2021 0323	36 个月	瓶	6	

表 9-4 药品销售记录单

定点零售药店名称（章）：XYZ 药店　　　　时间：××××年 06 月 01 日

流水号	药品编码	药品名称	规格	生产厂家	单位	零售价（元）	数量	金额（元）	备注
21060101	fmmmp01	酚麻美敏片	20 片	上海强生制药有限公司	盒	16	3	48	
21060102	jzjwxsp01	健胃消食片	24 片	江中药业股份有限公司	盒	13	1	13	

续表

流水号	药品编码	药品名称	规格	生产厂家	单位	零售价（元）	数量	金额（元）	备注
21060103	amxljn01	阿莫西林胶囊	20 粒	深圳高卓有限公司	盒	10	2	20	
21060104	amxljn02	阿莫西林胶囊	20 粒	中诺药业石家庄有限公司	盒	9	1	9	
21060105	tsgp01	碳酸钙D_3片	36 片	惠氏制药有限公司	瓶	45	2	90	
合计								180	

表 9-5　定点零售药店全品种进销存日报表

定点零售药店名称（章）：XYZ 药店　　　　时间：××××年　月　日

药品编码	药品名称	规格	生产厂商	批准文号	生产批号	有效期	数量				验收结论	验收人	质量情况	复核人	备注
							结存	采购	销售	合计					
填报人															

操作步骤

1. 根据库存记录单，在进销存日报表上填写所有库存药品的信息和结存数量。

2. 根据采购记录单，记录采购数量，库存记录表中没有的药品应补全信息。

3. 根据药品销售记录单，记录药品销售数量。

4. 计算药品现存数量。

5. 完善其他信息。

注意事项

1. 同一商品名的药品需仔细区分。

2. 最后的日报表包括采购记录单、库存记录单、销售记录单上的所有药品。

3. 计算药品数量，应注意销售为负数，应减去。

4. 填报过程中应该仔细，养成严谨认真的工作态度。

见表 9-6。

表 9-6 进销存日报表填写评价表

序号	评价内容	评价标准
1	药品信息完整	药品信息应完整无缺少
2	进销存数量	采购、销售、库存数量与相应表格一一对应
3	现库存数量正确	计算正确,得出正确的现存药品数量

任务二　经营分析

技能目标

1. 掌握销售数据分析指标的计算方法。

2. 能根据数据计算各销售指标值。

3. 能根据数据结果分析销售情况并寻找销售机会和销售增长点。

实训 9-3　门店销售指标分析

情景模拟

江南大药房胜利路门店是江南大药房最大的一家门店,该门店营业场所面积达 $100m^2$,门店总员工数一直平均在 10 人,门店所经营品类有 150 种。李华是该店的店长,每日营业结束后及每月月初李华需对门店当日和上个月的销售情况进行数据分析。

材料准备

1. 门店某日销售明细表,见表 9-7。

2. 门店某月营业数据报表,见表 9-8。

操作步骤

步骤一　计算客单价

1. 根据给出的日销售明细表中各药品实收金额计算门店当日销售总额。

2. 利用当日销售总额/当日来客数计算当日客单价。

步骤二　计算客品数

1. 根据给出的日销售明细表统计门店当日所销售商品数量。

表 9-7 江南大药房某日销售明细表

流水号	销售日期	商品编码	通用名	生产企业	规格	剂型	单位	数量	应收金额(元)	单价(元)	实收金额(元)	批号	批准文号	有效期	门店	销售员
9081010101	2021/6/1	165388	阿莫西林胶囊	湖南康尔生物医药科技有限公司	0.25g×36粒	胶囊剂	盒	1	30	30	30	20180303	国药准字H43022231	2021/10/11	胜利路门店	×××
9081010102	2021/6/1	165389	天黄猴枣散	广州白云山敬修堂药业股份有限公司	10瓶/盒	散剂	盒	1	15	15	10	170905	国药准字Z44020959	2021/10/12	胜利路门店	×××
9081010103	2021/6/1	165390	奥美拉唑肠溶胶囊	山东罗欣药业股份有限公司	20mg×14粒	胶囊剂	盒	1	50	50	40	613091025	国药准字H20033444	2021/10/13	胜利路门店	×××
9081010104	2021/6/1	165391	小儿感冒退热糖浆	清华德人西安幸福制药有限公司	10×10ml	糖浆剂	盒	1	10	10	10	140921	国药准字Z200227609	2021/10/14	胜利路门店	×××
9081010105	2021/6/1	165392	安儿宁颗粒	金科藏药股份有限公司	3g×9袋	颗粒剂	盒	1	15	15	10	20170624	国药准字Z20025878	2021/10/15	胜利路门店	×××
9081010106	2021/6/1	165393	单硝酸异山梨酯片	鲁南贝特制药有限公司	20mg×48片	片剂	盒	1	20	20	20	07180144	国药准字H10940039	2021/10/16	胜利路门店	×××
9081010107	2021/6/1	165394	小儿热速清颗粒	江西倍肯药业有限公司	6g×10袋	颗粒剂	盒	1	19	19	19	20170612	国药准字Z20023034	2021/10/17	胜利路门店	×××
9081010108	2021/6/1	165395	清开灵颗粒	哈尔滨一洲制药有限公司	36袋	颗粒剂	盒	1	20	20	20	18030202	国药准字Z10930010	2021/10/18	胜利路门店	×××
9081010109	2021/6/1	165406	复方联苯苄唑溶液	吉林省辉南长龙生化制药股份有限公司	156ml	溶液剂	瓶	1	25	25	20	150406	国药准字H20010038	2021/10/29	胜利路门店	×××
9081010110	2021/6/1	165407	布洛芬颗粒	石药集团	0.1g×18包	颗粒剂	盒	1	15	15	10	150407	国药准字H20066209	2021/10/30	胜利路门店	×××

流水号	销售日期	商品编码	通用名	生产企业	规格	剂型	单位	数量	应收金额(元)	单价(元)	实收金额(元)	批号	批准文号	有效期	门店	销售员
9081010111	2021/6/1	165398	复方锌布颗粒	南京功臣制药股份有限公司	12包	颗粒剂	盒	1	25	25	25	1609216	国药准字H32026469	2021/10/21	胜利路门店	×××
9081010112	2021/6/1	165399	祛痰止咳胶囊	广东一力罗定制药有限公司	24粒	胶囊剂	盒	1	15	15	15	180103	国药准字Z20090641	2021/10/22	胜利路门店	×××
9081010113	2021/6/1	165410	氯雷他定胶囊	深圳海王药业有限公司	10mg×6粒	胶囊剂	盒	1	45	45	40	163458	国药准字H20020559	2021/11/2	胜利路门店	×××
9081010114	2021/6/1	165401	复方地塞米松乳膏	广州白云山制药股份有限公司	10g	软膏剂	支	1	15	15	15	171188	国药准字H44024374	2021/10/24	胜利路门店	×××
9081010115	2021/6/1	165402	喷托维林氯化铵糖浆	云南康恩贝制药有限公司	100ml	糖浆剂	瓶	1	30	30	30	171189	国药准字H53021769	2021/10/25	胜利路门店	×××
9081010115	2021/6/1	165398	复方锌布颗粒	南京功臣制药股份有限公司	12包	颗粒剂	盒	1	25	25	25	1609216	国药准字H32026469	2021/10/21	胜利路门店	×××
9081010116	2021/6/1	165403	小儿氨酚黄那敏颗粒	宜昌人福药业有限责任公司	10袋	颗粒剂	盒	1	40	40	30	171190	国药准字H2022336	2021/10/26	胜利路门店	×××
9081010117	2021/6/1	165404	阿莫西林胶囊	安徽安科恒益药业有限公司	4板×10粒	胶囊剂	盒	1	36	36	20	170802	国药准字H34023532	2021/10/27	胜利路门店	×××
9081010117	2021/6/1	165405	马来酸依那普利片	湖南千金湘江药业股份有限公司	10mg×20片	片剂	盒	1	25	25	25	150405	国药准字H20066383	2021/10/28	胜利路门店	×××
9081010118	2021/6/1	165406	复方联苯苄唑溶液	吉林省辉南长龙生化制药股份有限公司	156ml	溶液剂	瓶	1	25	25	20	150406	国药准字H20010038	2021/10/29	胜利路门店	×××
9081010118	2021/6/1	165407	布洛芬颗粒	石药集团	0.1g×18包	颗粒剂	盒	1	15	15	10	150407	国药准字H20066209	2021/10/30	胜利路门店	×××

流水号	销售日期	商品编码	通用名	生产企业	规格	剂型	单位	数量	应收金额（元）	单价（元）	实收金额（元）	批号	批准文号	有效期	门店	销售员
9081010119	2021/6/1	165407	布洛芬颗粒	石药集团	0.1g×18包	颗粒剂	盒	1	15	15	10	150407	国药准字H20066209	2021/10/30	胜利路门店	×××
9081010120	2021/6/1	165408	兰索拉唑肠溶片	康普药业股份有限公司	15mg×7片	片剂	盒	1	52	52	50	141103	国药准字H20093340	2021/10/31	胜利路门店	×××
9081010120	2021/6/1	165409	祛痰止咳胶囊	广东一力罗定制药有限公司	24粒	胶囊剂	盒	1	15	15	10	180103	国药准字Z20090641	2021/11/1	胜利路门店	×××
9081010120	2021/6/1	165410	氯雷他定胶囊	深圳海王药业有限公司	10mg×6粒	胶囊剂	盒	1	45	45	40	163158	国药准字H20020559	2021/11/2	胜利路门店	×××

表 9-8　江南大药房某月营业数据报表

日期	不含税销售收入（元）	不含税销售成本（元）	商品流通费用（元）	营业税金及附加（元）	其他业务收入（元）	其他业务成本（元）	营业外收入（元）	营业外支出（元）	所得税率
2021/9/1	9000	7200	20	30	40	10	20	5	20%
2021/9/2	7000	5600	20	30	40	10	20	5	20%
2021/9/3	6500	5200	20	30	40	10	20	5	20%
2021/9/4	8500	6800	20	30	40	10	20	5	20%
2021/9/5	9500	7600	20	30	40	10	20	5	20%
2021/9/6	7200	5760	20	30	40	10	20	5	20%
2021/9/7	8300	6640	20	30	40	10	20	5	20%
2021/9/8	7800	6240	20	30	40	10	20	5	20%
2021/9/9	9500	7600	20	30	40	10	20	5	20%
2021/9/10	8800	7040	20	30	40	10	20	5	20%

日期	不含税销售收入（元）	不含税销售成本（元）	商品流通费用（元）	营业税金及附加（元）	其他业务收入（元）	其他业务成本（元）	营业外收入（元）	营业外支出（元）	所得税率
2021/9/11	9300	7440	20	30	40	10	20	5	20%
2021/9/12	6900	5520	20	30	40	10	20	5	20%
2021/9/13	7500	6000	20	30	40	10	20	5	20%
2021/9/14	8500	6800	20	30	40	10	20	5	20%
2021/9/15	9100	7280	20	30	40	10	20	5	20%
2021/9/16	8900	7120	20	30	40	10	20	5	20%
2021/9/17	7700	6160	20	30	40	10	20	5	20%
2021/9/18	6850	5480	20	30	40	10	20	5	20%
2021/9/19	9580	7664	20	30	40	10	20	5	20%
2021/9/20	9200	7360	20	30	40	10	20	5	20%
2021/9/21	8230	6584	20	30	40	10	20	5	20%
2021/9/22	6900	5520	20	30	40	10	20	5	20%
2021/9/23	7950	6360	20	30	40	10	20	5	20%
2021/9/24	8900	7120	20	30	40	10	20	5	20%
2021/9/25	9800	7840	20	30	40	10	20	5	20%
2021/9/26	9200	7360	20	30	40	10	20	5	20%
2021/9/27	8960	7168	20	30	40	10	20	5	20%
2021/9/28	9120	7296	20	30	40	10	20	5	20%
2021/9/29	10500	8400	20	30	40	10	20	5	20%
2021/9/30	9800	7840	20	30	40	10	20	5	20%

2.利用当日所销售商品数量/当日来客数计算当日客品数。

步骤三　计算品单价

1.根据给出的日销售明细表中各药品实收金额计算门店当日销售总额。

2.根据给出的日销售明细表统计门店当日销售品种数。

3.利用当日销售总额/当日销售品种数计算品单价。

步骤四　计算某药品销售扣率

1.根据给出的日销售明细表中统计某药品的应收金额和实收金额。

2.利用实收金额/应收金额计算销售扣率。

步骤五　计算动销率

1.根据给出的日销售明细表统计门店当日销售品种数。

2.利用当日销售品种数/门店所有品种数计算动销率。

步骤六　计算坪效

1.根据给出的月营业数据报表计算门店月销售总额。

2.利用当月销售总额/营业面积计算当月坪效。

步骤七　计算人效

1.根据给出的月销售明细表计算门店月销售总额。

2.利用当月销售总额/当月内平均人数计算人效。

步骤八　计算销售毛利及毛利率

1.根据给出的月营业数据报表计算门店当月销售总额。

2.根据给出的月营业数据报表计算门店当月销售成本总额。

3.利用当月销售总额减去当月销售成本总额计算当月销售毛利。

4.利用当月销售毛利/当月销售总额计算销售毛利率。

步骤九　计算利润总额及净利润

1.根据给出的月营业数据报表计算门店当月销售总额。

2.根据给出的月营业数据报表计算门店当月销售成本总额。

3.根据给出的月营业数据报表计算门店当月商品流通费用总额。

4.根据给出的月营业数据报表计算门店当月营业税金及附加总额。

5.根据给出的月营业数据报表计算门店当月其他业务收入总额。

6.根据给出的月营业数据报表计算门店当月其他业务成本总额。

7.根据给出的月营业数据报表计算门店当月营业外收入总额。

8.根据给出的月营业数据报表计算门店当月营业外支出总额。

9.利用销售总额－销售成本总额－商品流通费用总额－营业税金及附加值总额＋其他业务收入总额－其他业务成本总额＋营业外收入总额－营业外支出总额计算利润总额。

10.利用利润总额－利润总额×所得税率计算净利润。

1.计算各项数据时要严谨认真,要多次核对,保证其准确性,计算结果保留整数。

2.分析数据时,要有全局意识,从各个角度综合进行分析。

3.要秉持实事求是的职业道德,遇到疑义时,要多查询相关资料,避免在不确定的情况下,只凭主观意识做出判断。

4.要具备主动探究学习意识和信息素养,及时了解行业新技术、新规范,保持职业适应性。

评价标准

见表9-9。

表 9-9　门店销售指标分析评价表

序号	评价内容	评价标准
1	计算客单价	概念清晰
		能依据销售明细表正确计算销售总额
		能正确计算客单价
2	计算客品数	概念清晰
		会查看门店当日销售数量
		能正确计算客品数
3	计算品单价	概念清晰
		能依据销售明细表正确计算销售总额
		会查看门店当日销售品种数
		能正确计算品单价
4	计算某药品销售扣率	概念清晰
		能正确计算销售扣率
5	计算动销率	会查看门店当日销售品种数
		能正确计算动销率
6	计算坪效	概念清晰
		能依据月营业数据,计算月销售收入总额
		能正确计算坪效
7	计算人效	概念清晰
		能依据月营业数据,计算月销售收入总额
		能正确计算人效

序号	评价内容	评价标准
8	计算销售毛利及毛利率	概念清新
		能依据月营业数据,计算销售收入总额、销售成本总额
		能正确计算毛利和毛利率
9	计算利润总额及净利润	概念清晰
		能依据月营业数据报表,计算门店当月销售总额、销售成本总额、商品流通费用总额、营业税金及附加总额、其他业务收入总额、其他业务成本总额、营业外收入总额、营业外支出总额
		能正确计算利润总额和净利润
10	指标分析及建议	能根据各项指标数据分析门店销售情况并提出合理建议

实训 9-4　经销商销售指标分析

情景模拟

　　江南医药有限公司是江北制药有限公司 A 产品在江南地区的代理经销商。已知在江南地区 A 产品的同类产品有大东制药有限公司生产的 B 产品、大西制药有限公司生产的 C 产品、大中制药有限公司生产的 D 产品。市场竞争较为激烈,为更好地规划销售计划,提高销售额,现江北制药有限公司拟对江南医药有限公司销售产品的情况进行分析。

材料准备

　　1.江南医药有限公司 A 产品上一年度 2020 年 1—6 月销售报表,见表 9-10。

　　2.江南医药有限公司 A 产品本年度 2021 年 1—6 月销售报表,见表 9-11。

　　3.江南医药有限公司上一年度 12 月至本年度 6 月 A 产品的库存明细,见表 9-12。

　　4.江南地区 A 产品的同类产品及本年度 2021 年 1—6 月份销售量,见表 9-13。

表 9-10　江南医药有限公司 A 产品上一年度 2020 年 1—6 月销售报表

产品名称	规格	剂型	生产厂家
A产品	0.5mg×28片/盒	片剂	江北制药有限公司

销售日期	客户名称	销售明细			计划销售额			成本金额（元）	退货金额（元）
		销售单价（元）	数量（盒）	金额（元）	销售单价（元）	销售计划数量（盒）	金额（元）		
1月	江南医院	100	85	8500	100	70	7000	5100	0
	江东药品批发有限公司	90	180	16200	90	160	14400	10800	0
	华西社区医院	100	60	6000	100	40	4000	3600	0
	江大药品批发有限公司	90	320	28800	90	280	25200	19200	0
	华中大药房医药连锁有限公司	100	160	16000	100	140	14000	9600	0
2月	江南医院	100	90	9000	100	80	8000	5400	0
	江东药品批发有限公司	90	200	18000	90	210	18900	12000	0
	华西社区医院	100	50	5000	100	40	4000	3000	0
	江大药品批发有限公司	90	300	27000	90	280	25200	18000	0
	华中大药房医药连锁有限公司	100	170	17000	100	150	15000	10200	0

产品名称	规格	剂型	生产厂家						
A产品	0.5mg×28 片/盒	片剂	江北制药有限公司						
销售日期	客户名称	销售明细			计划销售额			成本金额（元）	退货金额（元）
		销售单价（元）	数量（盒）	金额（元）	销售单价（元）	销售计划数量（盒）	金额（元）		
3月	江南医院	100	100	10000	100	90	9000	6000	0
	江东药品批发有限公司	90	200	18000	90	220	19800	12000	0
	华西社区医院	100	50	5000	100	40	4000	3000	0
	江某人私人诊所	100	20	2000	100	25	2500	1200	0
	江大药品批发有限公司	90	350	31500	90	300	27000	21000	0
	华中大药房医药连锁有限公司	100	180	18000	100	160	16000	10800	0
	华南药店	100	30	3000	100	25	2500	1800	0
4月	江南医院	100	110	11000	100	95	9500	6600	0
	江东药品批发有限公司	90	190	17100	90	180	16200	11400	0
	华西社区医院	100	60	6000	100	40	4000	3600	0
	江某人私人诊所	100	25	2500	100	20	2000	1500	0
	江大药品批发有限公司	90	320	28800	90	310	27900	19200	0
	华中大药房医药连锁有限公司	100	200	20000	100	180	18000	12000	0
	华南药店	100	40	4000	100	30	3000	2400	0

产品名称	A产品	规格	0.5mg×28片/盒	剂型	片剂	生产厂家	江北制药有限公司		
销售日期	客户名称		销售明细			计划销售额		成本金额（元）	退货金额（元）
		销售单价（元）	数量（盒）	金额（元）	销售单价（元）	销售计划数量（盒）	金额（元）		
5月	江南医院	100	100	10000	100	90	9000	6000	0
	江东药品批发有限公司	90	200	18000	90	180	16200	12000	0
	华西社区医院	100	50	5000	100	40	4000	3000	0
	江某人私人诊所	100	20	2000	100	25	2500	1200	0
	江大药品批发有限公司	90	350	31500	90	330	29700	21000	0
	华中大药房医药连锁有限公司	100	200	20000	100	180	18000	12000	0
	华南药店	100	50	5000	100	40	4000	3000	0
6月	江南医院	100	100	10000	100	90	9000	6000	0
	江东药品批发有限公司	90	220	19800	90	200	18000	13200	0
	华西社区医院	100	60	6000	100	45	4500	3600	0
	江某人私人诊所	100	25	2500	100	20	2000	1500	0
	江大药品批发有限公司	90	320	28800	90	340	30600	19200	0
	华中大药房医药连锁有限公司	100	220	22000	100	180	18000	13200	0
	华南药店	100	45	4500	100	45	4500	2700	0

表 9-11　江南医药有限公司 A 产品本年度 2021 年 1—6 月销售报表

产品名称	A产品								
	规格	0.5mg×28 片/盒		剂型	片剂	生产厂家	江北制药有限公司		
销售日期 / 客户名称	销售单价(元)	销售明细				计划销售额		成本金额(元)	退货金额(元)
		数量(盒)	金额(元)	销售单价(元)	销售计划数量(盒)	金额(元)			
1月 江南医院	100	100	10000	100	90	9000		6000	0
江东药品批发有限公司	90	200	18000	90	200	18000		12000	0
华西社区医院	100	50	5000	100	40	4000		3000	0
江某人私人诊所	100	20	2000	100	25	2500		1200	0
江大药品批发有限公司	90	300	27000	90	280	25200		18000	0
华中大药房医药连锁有限公司	100	250	25000	100	200	20000		15000	0
华南药店	100	30	3000	100	25	2500		1800	0
2月 江南医院	100	110	11000	100	95	9500		6600	0
江东药品批发有限公司	90	220	19800	90	200	18000		13200	0
华西社区医院	100	60	6000	100	50	5000		3600	0
江某人私人诊所	100	30	3000	100	20	2000		1800	0
江大药品批发有限公司	90	320	28800	90	290	26100		19200	0
华中大药房医药连锁有限公司	100	220	22000	100	210	21000		13200	0
华南药店	100	30	3000	100	25	2500		1800	0

产品名称	A产品		规格	0.5mg×28片/盒		剂型	片剂	生产厂家	江北制药有限公司	
销售日期	客户名称		销售单价(元)	销售明细 数量(盒)	金额(元)	片剂 销售单价(元)	计划销售额 销售计划数量(盒)	金额(元)	成本金额(元)	退货金额(元)
3月	江南医院		100	120	12000	100	100	10000	7200	0
	江东药品批发有限公司		90	200	18000	90	200	18000	12000	0
	华西社区医院		100	50	5000	100	50	5000	3000	0
	江某人私人诊所		100	25	2500	100	20	2000	1500	0
	江大药品批发有限公司		90	360	32400	90	300	27000	21600	0
	华中大药房医药连锁有限公司		100	200	20000	100	210	21000	12000	0
	华南药店		100	35	3500	100	25	2500	2100	0
4月	江南医院		100	110	11000	100	100	10000	6600	0
	江东药品批发有限公司		90	220	19800	90	200	18000	13200	0
	华西社区医院		100	55	5500	100	50	5000	3300	0
	江某人私人诊所		100	30	3000	100	25	2500	1800	0
	江大药品批发有限公司		90	340	30600	90	300	27000	20400	0
	华中大药房医药连锁有限公司		100	200	20000	100	200	20000	12000	0
	华南药店		100	40	4000	100	25	2500	2400	0

产品名称	A产品	规格	0.5mg×28 片/盒	剂型	片剂	生产厂家	江北制药有限公司

销售日期	客户名称	规格 销售单价(元)	销售明细 数量(盒)	销售明细 金额(元)	片剂 销售单价(元)	计划销售额 销售计划数量(盒)	计划销售额 金额(元)	成本金额(元)	退货金额(元)
5月	江南医院	100	120	12000	100	100	10000	7200	0
	江东药品批发有限公司	90	210	18900	90	200	18000	12600	0
	华西社区医院	100	60	6000	100	50	5000	3600	0
	江某人私人诊所	100	30	3000	100	25	2500	1800	0
	江大药品批发有限公司	90	360	32400	90	320	28800	21600	0
	华中大药房医药连锁有限公司	100	220	22000	100	200	20000	13200	0
	华南药店	100	45	4500	100	30	3000	2700	0
6月	江南医院	100	110	11000	100	100	10000	6600	0
	江东药品批发有限公司	90	230	20700	90	200	18000	13800	0
	华西社区医院	100	55	5500	100	50	5000	3300	0
	江某人私人诊所	100	25	2500	100	25	2500	1500	0
	江大药品批发有限公司	90	350	31500	90	320	28800	21000	0
	华中大药房医药连锁有限公司	100	230	23000	100	200	20000	13800	0
	华南药店	100	50	5000	100	30	3000	3000	0

表 9-12　江南医药有限公司上一年度 12 月至本年度 6 月 A 产品的库存明细

日期	库存商品名称	规格	剂型	生产厂家	库存数量（盒）	库存金额（元）
2020 年 12 月	A 产品	0.5mg×28 片/盒	片剂	江北制药有限公司	800	48000
2021 年 1 月	A 产品	0.5mg×28 片/盒	片剂	江北制药有限公司	900	54000
2021 年 2 月	A 产品	0.5mg×28 片/盒	片剂	江北制药有限公司	850	51000
2021 年 3 月	A 产品	0.5mg×28 片/盒	片剂	江北制药有限公司	750	45000
2021 年 4 月	A 产品	0.5mg×28 片/盒	片剂	江北制药有限公司	950	57000
2021 年 5 月	A 产品	0.5mg×28 片/盒	片剂	江北制药有限公司	850	51000
2021 年 6 月	A 产品	0.5mg×28 片/盒	片剂	江北制药有限公司	910	54600

表 9-13　江南地区 A 产品的同类产品及本年度 2021 年 1—6 月份销售量

日期	产品名称	生产厂家	销售量（盒）	销售额（元）
1 月	B 产品	大东制药有限公司	700	70000
1 月	C 产品	大西制药有限公司	300	30000
1 月	D 产品	大中制药有限公司	500	50000
2 月	B 产品	大东制药有限公司	650	65000
2 月	C 产品	大西制药有限公司	350	35000
2 月	D 产品	大中制药有限公司	600	60000
3 月	B 产品	大东制药有限公司	750	75000
3 月	C 产品	大西制药有限公司	290	29000
3 月	D 产品	大中制药有限公司	560	56000
4 月	B 产品	大东制药有限公司	720	72000
4 月	C 产品	大西制药有限公司	280	28000
4 月	D 产品	大中制药有限公司	450	45000
5 月	B 产品	大东制药有限公司	800	80000
5 月	C 产品	大西制药有限公司	320	32000

日期	产品名称	生产厂家	销售量（盒）	销售额（元）
5 月	D 产品	大中制药有限公司	580	58000
6 月	B 产品	大东制药有限公司	680	68000
6 月	C 产品	大西制药有限公司	350	35000
6 月	D 产品	大中制药有限公司	470	47000

操作步骤

步骤一　计算销售效率指标

1.计算销售增长率

（1）计算环比增长率

①根据给出的经销商本年度销售报表计算该产品本年度 1—6 月每月销售比上个月销售的增长额。

②利用增长额/上个月销售额，计算出当月环比增长率。

（2）计算同比增长率

①根据给出的经销商本年度和上一年度销售报表计算该产品本年度 1—6 月每月销售比上一年度同期月份销售的增长额。

②利用增长额/上一年度同期月份销售额，计算出同比增长率。

（3）利用表和图分别分析该产品本年度和上年度 6 个月的销售额走势，以及本年度销售增长率，见表 9-14。

表 9-14　经营销售分析表

指标		1 月	2 月	3 月	4 月	5 月	6 月
销售额	2020 年						
	2021 年						
环比增长率							
同比增长率							

（4）通过增长率数据情况，给出指导建议。

2.计算销售计划完成率

（1）根据给出的经销商本年度销售报表统计该产品本年度 1—6 月每月的计划销售额和实际完成销售额。

（2）利用每个月实际完成销售额/计划销售额计算每个月销售计划完成率。

（3）根据完成率判断厂家制订的销售计划是否合理。

步骤二　计算经销商盈利能力指标

1.根据给出的经销商本年度销售报表统计该产品本年度1—6月的销售额。

2.根据给出的经销商本年度销售报表统计该产品本年度1—6月的销售成本。

3.利用销售额减去销售总成本计算计算经销商该产品本年度1—6月的毛利。

4.利用毛利/销售额计算经销商该产品本年度1—6月的毛利率。

步骤三　计算经销商市场营运能力指标

1.计算市场占有率

（1）根据给出的经销商本年度销售报表和区域内同类产品本年度销售量统计该产品某月的销售量（金额）和区域内各同类产品某月的销售总量（金额）。

（2）利用该产品某月的销售量（金额）/区域内各同类产品某月的销售总量（金额）计算某月市场占有率。

2.计算库存周转率

（1）根据给出的经销商上年度该产品12月末的库存金额和本年度6月末的库存金额，利用（期初库存金额＋期末库存金额）/2计算本年度6个月的平均库存金额。

（2）根据给出的经销商销售报表计算该产品本年度1—6月的销售额。

（3）利用销售额/平均库存金额，计算该产品本年度1—6月的库存周转率。

3.计算纯销占比

（1）根据给出的经销商销售报表统计经销商本年度1—6月经营该厂家产品客户中纯销客户产品纯销金额，以及调拨客户产品销售金额。

（2）计算经销商本年度1—6月经营该厂家产品纯销/调拨销售金额占比。

（3）计算经销商本年度1—6月经营该厂家产品各类型纯销客户在区域覆盖率。

注意事项

1.计算各项数据时要严谨认真，要多次核对，保证其准确性，计算结果保留整数。

2.用图表分析增长率时，销售额用柱形图表示、增长率用折线表表示。

3.分析数据时，要有全局意识，从各个角度综合进行分析，让客户信服。

见表 9-15。

表 9-15　经销商销售指标分析评价表

序号	评价内容	评价标准
1	计算销售效率指标	销售额、环比-同比、本期数-上期数-同期数、销售额-销售计划额概念清晰
2		计算结果准确
3		根据增长率不同情况分别提出合理建议
4		根据全年销售协议和已完成情况,提出合理建议
5	计算经销商盈利能力指标	销售毛利-销售额概念清晰
6		计算结果准确
7	计算经销商市场营运能力	市场占有率、期初库存金额-期末库存金额、纯销-调拨客户概念清晰
8		计算结果准确
9		建议合理

任务三　库存分析

1. 能根据数据进行安全库存数量计算,设置合理的安全库存。
2. 能运用 ABC 分析法对库存商品进行结构分析。
3. 能根据数据结果进行库存分析和管理。

实训 9-5　安全库存设置

　　江南大药房是江南地区最大的一家药品零售有限公司,在江南地区开设有 50 家门店,门店经营的各类商品由总部统一采购配送,各门店店长需及时关注本门店各类商品的库存情况,做到各类商品库存合理,保证不积压也不脱销。假设你现在是江南大药房某门店的店长,店里经营的 A 产品是畅

销商品，平均每周就要向总部请货一次，总部配送该产品至门店需要 1.5
天，药店进行上架陈列及销售准备需要 0.5 天，另外为了预防突发情况一般
需预留 1 天，请你对门店某商品的安全库存进行设置。

材料准备

1. 门店某月某产品的销售报表，见表 9-16。
2. 门店某月某产品的库存明细表，见表 9-17。

表 9-16 门店某月某产品的销售报表

日期	商品名称	规格	剂型	单位	生产厂家	销售单价（元）	销售数量（盒）	销售额（元）
××月 1 日	A 产品	4 板×10 粒	胶囊剂	盒	江北制药厂	20	10	200
××月 2 日	A 产品	4 板×10 粒	胶囊剂	盒	江北制药厂	20	15	300
××月 3 日	A 产品	4 板×10 粒	胶囊剂	盒	江北制药厂	20	12	240
××月 4 日	A 产品	4 板×10 粒	胶囊剂	盒	江北制药厂	20	20	400
××月 5 日	A 产品	4 板×10 粒	胶囊剂	盒	江北制药厂	20	16	320
××月 6 日	A 产品	4 板×10 粒	胶囊剂	盒	江北制药厂	20	10	200
××月 7 日	A 产品	4 板×10 粒	胶囊剂	盒	江北制药厂	20	22	440
××月 8 日	A 产品	4 板×10 粒	胶囊剂	盒	江北制药厂	20	15	300
××月 9 日	A 产品	4 板×10 粒	胶囊剂	盒	江北制药厂	20	8	160
××月 10 日	A 产品	4 板×10 粒	胶囊剂	盒	江北制药厂	20	15	300
××月 11 日	A 产品	4 板×10 粒	胶囊剂	盒	江北制药厂	20	16	320
××月 12 日	A 产品	4 板×10 粒	胶囊剂	盒	江北制药厂	20	10	200
××月 13 日	A 产品	4 板×10 粒	胶囊剂	盒	江北制药厂	20	12	240
××月 14 日	A 产品	4 板×10 粒	胶囊剂	盒	江北制药厂	20	14	280
××月 15 日	A 产品	4 板×10 粒	胶囊剂	盒	江北制药厂	20	18	360
××月 16 日	A 产品	4 板×10 粒	胶囊剂	盒	江北制药厂	20	15	300
××月 17 日	A 产品	4 板×10 粒	胶囊剂	盒	江北制药厂	20	10	200
××月 18 日	A 产品	4 板×10 粒	胶囊剂	盒	江北制药厂	20	20	400
××月 19 日	A 产品	4 板×10 粒	胶囊剂	盒	江北制药厂	20	10	200
××月 20 日	A 产品	4 板×10 粒	胶囊剂	盒	江北制药厂	20	15	300
××月 21 日	A 产品	4 板×10 粒	胶囊剂	盒	江北制药厂	20	12	240
××月 22 日	A 产品	4 板×10 粒	胶囊剂	盒	江北制药厂	20	10	200
××月 23 日	A 产品	4 板×10 粒	胶囊剂	盒	江北制药厂	20	16	320
××月 24 日	A 产品	4 板×10 粒	胶囊剂	盒	江北制药厂	20	10	200
××月 25 日	A 产品	4 板×10 粒	胶囊剂	盒	江北制药厂	20	15	300

日期	商品名称	规格	剂型	单位	生产厂家	销售单价（元）	销售数量（盒）	销售额（元）
××月26日	A产品	4板×10粒	胶囊剂	盒	江北制药厂	20	15	300
××月27日	A产品	4板×10粒	胶囊剂	盒	江北制药厂	20	10	200
××月28日	A产品	4板×10粒	胶囊剂	盒	江北制药厂	20	10	200
××月29日	A产品	4板×10粒	胶囊剂	盒	江北制药厂	20	20	400
××月30日	A产品	4板×10粒	胶囊剂	盒	江北制药厂	20	10	200

表 9-17　门店某月某产品的库存明细表

日期	库存商品名称	规格	剂型	单位	生产厂家	库存数量（盒）	库存金额（元）
××月1日	A产品	4板×10粒	胶囊剂	盒	江北制药厂	20	400
××月2日	A产品	4板×10粒	胶囊剂	盒	江北制药厂	15	300
××月3日	A产品	4板×10粒	胶囊剂	盒	江北制药厂	20	400
××月4日	A产品	4板×10粒	胶囊剂	盒	江北制药厂	25	500
××月5日	A产品	4板×10粒	胶囊剂	盒	江北制药厂	20	400
××月6日	A产品	4板×10粒	胶囊剂	盒	江北制药厂	15	300
××月7日	A产品	4板×10粒	胶囊剂	盒	江北制药厂	20	400
××月8日	A产品	4板×10粒	胶囊剂	盒	江北制药厂	25	500
××月9日	A产品	4板×10粒	胶囊剂	盒	江北制药厂	20	400
××月10日	A产品	4板×10粒	胶囊剂	盒	江北制药厂	15	300
××月11日	A产品	4板×10粒	胶囊剂	盒	江北制药厂	20	400
××月12日	A产品	4板×10粒	胶囊剂	盒	江北制药厂	30	600
××月13日	A产品	4板×10粒	胶囊剂	盒	江北制药厂	10	200
××月14日	A产品	4板×10粒	胶囊剂	盒	江北制药厂	15	300
××月15日	A产品	4板×10粒	胶囊剂	盒	江北制药厂	20	400
××月16日	A产品	4板×10粒	胶囊剂	盒	江北制药厂	30	600
××月17日	A产品	4板×10粒	胶囊剂	盒	江北制药厂	20	400
××月18日	A产品	4板×10粒	胶囊剂	盒	江北制药厂	25	500
××月19日	A产品	4板×10粒	胶囊剂	盒	江北制药厂	20	400
××月20日	A产品	4板×10粒	胶囊剂	盒	江北制药厂	20	400
××月21日	A产品	4板×10粒	胶囊剂	盒	江北制药厂	15	300
××月22日	A产品	4板×10粒	胶囊剂	盒	江北制药厂	20	400
××月23日	A产品	4板×10粒	胶囊剂	盒	江北制药厂	20	400

日期	库存商品名称	规格	剂型	单位	生产厂家	库存数量（盒）	库存金额（元）
××月24日	A产品	4板×10粒	胶囊剂	盒	江北制药厂	15	300
××月25日	A产品	4板×10粒	胶囊剂	盒	江北制药厂	20	400
××月26日	A产品	4板×10粒	胶囊剂	盒	江北制药厂	15	300
××月27日	A产品	4板×10粒	胶囊剂	盒	江北制药厂	15	300
××月28日	A产品	4板×10粒	胶囊剂	盒	江北制药厂	20	400
××月29日	A产品	4板×10粒	胶囊剂	盒	江北制药厂	25	500
××月30日	A产品	4板×10粒	胶囊剂	盒	江北制药厂	20	400

操作步骤

步骤一　库存定额控制法

1.计算天数定额

（1）根据给出的情景，利用进货在途天数＋销售准备天数＋商品陈列天数＋保险天数计算最低储存天数。

（2）利用最低储存天数＋进货间隔天数计算最高储存天数。

（3）利用（最低储存天数＋最高储存天数）/2计算平均储存天数。

2.计算库存数量（金额）定额

（1）根据给出的销售报表计算平均日销售量（金额）。

（2）利用天数定额×平均日销售量（金额）计算库存数量（金额）定额。

步骤二　计算存销比

1.根据给出的销售报表统计当月销售数量（金额）。

2.根据给出的库存报表统计当月月末库存数量（金额）。

3.利用月末库存数量（金额）/当月销售数量（金额）计算存销比。

注意事项

1.最低库存量是防止商品脱销的警戒线，最高库存量是防止商品积压的警戒线。

2.计算各项数据时要严谨认真，要多次核对，保证其准确性。

评价标准

见表9-18。

表 9-18 安全库存设置评价表

序号	评价内容	评价标准
1	库存定额控制法	天数定额、库存数量（金额）定额概念清晰
		天数定额计算结果准确
		库存数量（金额）定额计算结果准确
		根据天数定额和库存数量（金额）定额提出合理库存建议
2	计算存销比	存销比概念清晰
		计算结果准确
		根据存销比分析库存是否合理，并提出合理建议

实训 9-6   ABC 库存分析法进行库存结构分析

情景模拟

某知名零售连锁医药企业，药品库房管理工作复杂而繁重，经常发生药品缺货，又已知该医药企业所有药品均统一进货。现请您根据该医药企业库存药品清单，以库存药品占用资金为特征数值，通过 ABC 库存分析法，帮助该医药企业提高库存管理效率。

材料准备

1.计算器。

2.ABC 分类标准。

3.库存药品清单，见表 9-19。

表 9-19   库存药品清单

药品	数量	单价/元
Y1	20	10
Y2	10	20
Y3	10	590
Y4	25	20
Y5	20	30
Y6	20	25

药品	数量	单价/元
Y7	20	10
Y8	8	200
Y9	10	15
Y10	30	5

操作步骤

步骤一　收集数据

根据给出的库存药品清单，收集各药品的数据。

步骤二　处理数据

1. 根据库存药品清单计算每种药品的占用资金。

$$药品占用资金＝药品单价×药品数量$$

2. 利用每种药品的占用资金相加，计算仓库中药品占用资金总额。

步骤三　编制 ABC 分析表

1. 按库存药品占用资金价值由高到低进行排序。

2. 计算每个药品占用资金百分比。

$$占用资金百分比/\%＝\frac{单个药品占用资金}{所有药品占用资金总值}$$

3. 计算占用资金累计百分比。

$$占用资金累计百分比/\%＝几个药品占用资金百分比加和$$

4. 计算药品数量占总数量的百分比。

$$数量百分比/\%＝\frac{单个药品数量}{药品数量总和}$$

5. 根据库存药品占用资金累计百分比的计算结果，按照 ABC 分类基本原理对库存药品进行 ABC 分类，并利用表进行结果分析统计，见表 9-20。

表 9-20　库存药品 ABC 分析表

药品	数量	单价/元	占用资金/元	占用资金百分比/%	占用资金累计百分比/%	数量百分比/%	分类
合计							

步骤四　根据分类进行分类管理

根据库存药品所属类别进行分类管理，ABC 分类管理方法见表 9-21。

表 9-21　ABC 分类管理方法

库存类型	特点	管理方法
A	品种数占比：5%～15% 占用资金比：60%～80%	进行重点管理。应严格控制库存量、订货数量、订货时间。要经常进行检查盘点
B	品种数占比：15%～25% 占用资金比：15%～25%	进行次重点管理。库存检查和盘点的周期比 A 类长一些
C	品种数占比：60%～80% 占用资金比：5%～15%	进行一般管理。定期进行库存检查和盘点，周期比 B 类长一些

注意事项

1. 制作 ABC 分析表时要按照库存药品占用资金由大到小进行排序。

2. 排序中，占用资金相同的再按单价进行排序。

3. 累计占用资金比等于单个库存药品占用资金比加和。

4. 各类因素的划分标准并无严格规定。

5. 理解 ABC 库存分析的原理，应根据分析结果分类管理，提高工作效率。

评价标准

见表 9-22。

表 9-22　ABC 库存分析法进行库存结构分析评价表

序号	评价内容	评价标准
1	数据处理	根据提供的库存清单，计算特征数值
2	ABC 分析表	根据特征数值正确排序、计算，作出 ABC 分类判定
3	分类管理	根据分类结果，作出正确的分类管理策略

下篇

技术理论题库

第一章 职业道德与安全知识

一、单项选择题

1.（   ）是调节人与人之间、人与社会之间、人与自然之间关系的行为规范的总和。

A. 道德　　　　　B. 宪法　　　　　C. 制度　　　　　D. 法规

2. 药品的特殊性不包括（   ）

A. 使用上的专属性　　　　　　　B. 作用上的两重性

C. 质量上的合格性　　　　　　　D. 药效上的限时性

3. 根据可燃物质发生燃烧必须达到一定温度这个条件，将灭火剂直接喷洒在可燃物上，使可燃物温度降低到燃点以下，从而使燃烧停止。这种灭火方法是（   ）

A. 冷却灭火法　　　　　　　　　B. 窒息灭火法

C. 隔离灭火法　　　　　　　　　D. 抑制灭火法

4. 以下哪项不属于灭火的基本方法（   ）

A. 抑制灭火法　　　　　　　　　B. 窒息灭火法

C. 隔离灭火法　　　　　　　　　D. 做好灭火准备

二、多项选择题

1. 提供（   ）的药品是医药职业道德的重要原则。

A. 安全　　　　　B. 有效　　　　　C. 合规

D. 经济　　　　　E. 适宜

2. 道德主要依靠社会舆论、传统伦理观念和习惯、个人的信念和良知等因素来维系，以（   ）等为评判标准。

A. 是非　　　　　B. 善恶　　　　　C. 荣辱

D. 制度　　　　　E. 法规

第二章 法律法规基础知识

一、单项选择题

1. 国家为应对疫情发生所需的药品实行（   ）

A. 特殊管理制度　　　　　　　　B. 药品保管制度

C. 分类管理制度　　　　　　　　D. 药品储备制度

2. 从事生产、销售假药，对法定代表人、主要负责人、直接负责的主管人员和关键岗位人员以及其他责任人员，不得从事药品生产经营活动的年限

是（　　）

  A. 3 年   B. 5 年   C. 10 年   D. 终身

  3. 药品出厂前必须经过检验，必须经（　　）签字后方可放行出厂。

  A. 企业负责人   B. 质量负责人

  C. 质量管理部门负责人   D. 质量受权人

  4.《中华人民共和国药品管理法》适用范围为（　　）

  A. 药品生产、经营、使用

  B. 药品生产、经营、使用和监督管理

  C. 药品研制、生产、经营、使用

  D. 药品研制、生产、经营、使用和监督管理

  5. 药品批发企业对冷藏、冷冻药品的管理，下列说法错误的是（　　）

  A. 不符合温度要求的应当拒收

  B. 在冷藏、冷冻药品运输途中，应当实时监测并记录冷藏车、冷藏箱或者保温箱内的温度数据

  C. 冷藏、冷冻药品如在阴凉库待验，应尽快进行收货验收，验收合格尽快送入冷库

  D. 冷藏、冷冻药品到货时，应当查验运输方式及运输过程的温度记录、运输时间等质量控制状况

  6. 关于药品储存与养护要求的说法，正确的是（　　）

  A. 中药材和中药饮片必须分库存放

  B. 不同批号的药品必须分库存放

  C. 药品与非药品必须分库存放

  D. 外用药与其他药品必须分库存放

  7. 对药品分别按处方药与非处方药进行分类管理是根据（　　）

  A. 药品品种、规格、适应证、剂型及给药途径的不同

  B. 药品类别、规格、适应证、剂型及给药途径的不同

  C. 药品品种、规格、适应证、剂量及给药途径的不同

  D. 药品类别、规格、适应证、剂量及给药途径的不同

  8. 关于药品分类管理的说法，正确的是（　　）

  A. 医疗机构不能推荐使用非处方药

  B. 处方药经审批可以在大众媒体上做广告宣传

  C. 非处方药说明书由省级药品监督管理部门批准

  D. 每个销售基本单元包装必须附有标签和说明书

  9. 第二类精神药品处方应在右上角标注"精二"，印刷用纸为（　　）

  A. 白色   B. 淡黄色   C. 淡绿色   D. 淡红色

10. 医院从药品批发企业购进第一类精神药品时，应（　　）

A. 由医院自行到药品批发企业提货

B. 由药品批发企业将药品送至医院

C. 由公安部门协助药品批发企业将药品送至医院

D. 由公安部门协助医院到药品批发企业提货

11. 在药品说明书中应列出全部辅料名称的是（　　）

A. 处方药

B. 注射剂

C. 获得中药一级保护的中药品种

D. 麻醉药品

12. 某化学药品的有效期为 2 年，其生产日期为 2019 年 10 月 31 日的产品，有效期可标注为（　　）

A. 有效期 10 月/2021 年　　　　B. 有效期至 2021 年 11 月

C. 有效期至 2021 年 10 月 31 日　D. 有效期至 2021 年 10 月 30 日

13. 广告应当显著标明"不是药物，不能代替药物治疗疾病"的是（　　）

A. 药品　　　　　　　　　　B. 医疗器械

C. 保健食品　　　　　　　　D. 特殊医学用途配方食品

14. 可以取得广告批准文号，但只能在国务院卫生行政部门和国务院药品监督管理部门共同指定的专业期刊进行广告宣传的药品是（　　）

A. 医疗机构制剂　　　　　　B. 非处方药

C. 处方药　　　　　　　　　D. 第二类精神药品

二、配伍选择题

A. 变质的药品　　　　　　　B. 被污染的

C. 无药品注册批件的药品　　D. 没有检验的药品

1. 以上列入《药品管理法（2019 年修订）》假药情形的是（　　）

2. 以上列入《药品管理法（2019 年修订）》劣药情形的是（　　）

A. 中专　　　　B. 高中　　　　C. 大学专科　　　D. 大学本科

3. 企业负责人应当具有（　　）以上学历或者中级以上专业技术职称，经过基本的药学专业知识培训，熟悉有关药品管理的法律法规及本规范。

4. 企业质量负责人应当具有（　　）以上学历，在质量管理工作中具备正确判断和保障实施的能力。

A. 已知的药品不良反应　　　B. 常见的药品不良反应

C. 新的和严重的药品不良反应　D. 所有的药品不良反应

5. 新药监测期内的国产药品应当报告该药品的（　　）

6. 不属于新药监测期的国产药品应当报告该药品的（　　）

1.以下非处方药标签和说明书的描述正确的是（　　　）

A. 用语应当科学、易懂　　　　　　B. 便于消费者自行判断

C. 便于医生指导消费者使用　　　　D. 便于消费者自行选择和使用

E. 必须经国家药品监督管理局批准。

2.《麻醉药品和精神药品管理条例》规定，药品零售连锁企业销售第二类精神药品时，应当（　　　）

A. 将处方保存 2 年备查

B. 不得向未成年人销售

C. 禁止超剂量或无处方销售

D. 凭第二类精神药品购用印鉴卡销售

E. 凭执业医师出具的处方，按规定剂量销售

第三章　医学基础知识

一、单项选择题

1.进行气体交换的器官是（　　　）

A. 肺　　　　　　B. 肺泡　　　　　　C. 肝　　　　　　D. 支气管

2.胰岛素的生理作用（　　　）

A. 提高血糖水平　　　　　　B. 促进蛋白质和脂肪合成

C. 提高应激　　　　　　　　D. 允许作用

3.病毒感染后在机体中增殖的方式是（　　　）

A. 侵蚀　　　　　　B. 复制　　　　　　C. 分裂　　　　　　D. 胞饮

4.免疫功能主要有（　　　）

A. 刺激机体使其产生特异性免疫应答

B. 参与免疫应答，最终清除抗原物质

C. 常寄生在健康人的口腔、皮肤、阴道和消化道等处破坏机体内环境

D. 防止外界病原体入侵，清除已入侵体内的病原体

5.哪项检验指标降低，临床意义表现为动脉粥样硬化及高脂血症（　　　）

A. 低密度脂蛋白胆固醇　　　　　　B. 高密度脂蛋白胆固醇

C. 血糖　　　　　　　　　　　　　D. 红细胞计数

6.中性粒细胞为（　　　）

A. 具有杀菌作用，在细菌性炎症时数量增多

B. 不具有杀菌作用，在细菌性炎症时数量增多

C. 具有杀菌作用，在细菌性炎症时数量减少

D. 不具有杀菌作用，在细菌性炎症时数量减少

7. 流行性感冒可引起（　　　）

A. 白细胞计数减少

B. 红细胞计数减少

C. 红细胞计数增多

D. 白细胞计数增高，大于 $10.0×10^9/L$

8. 哪项检验指标增高，临床意义表现为痛风、急慢性肾炎（　　　）

A. 血尿酸　　　　B. 肌酸激酶　　　　C. 血糖　　　　　　D. 红细胞计数

二、多项选择题

1. 反射弧的组成是（　　　）

A. 感受器　　　　B. 感受神经　　　　C. 中枢

D. 运动神经　　　E. 效应器

2. 关于高密度脂蛋白胆固醇叙述正确的是（　　　）

A. 吸烟、肥胖、营养不良等情况可引起高密度脂蛋白胆固醇生理性
降低

B. 动脉硬化及高脂血症可引起高密度脂蛋白胆固醇降低

C. 严重肝硬化和严重肝炎患者可引起高密度脂蛋白胆固醇降低

D. 高密度脂蛋白胆固醇水平与冠心病的发生和发展呈正相关

E. 高密度脂蛋白胆固醇增高一般无临床意义，常与遗传有关

第四章　药物基础知识

一、单项选择题

1. 以下哪一项不是按药品管理要求分类的是（　　　）

A. 基本医疗保险药物　　　　　　　B. 特殊管理药品

C. 解毒药　　　　　　　　　　　　D. 国家基本药物

2. 按液体制剂分类以下哪一个是错误的是（　　　）

A. 糖浆剂　　　　B. 乳剂　　　　　C. 滴耳剂　　　　D. 注射剂

3. 关于注射剂优点正确的是（　　　）

A. 给药途径广泛　　　　　　　　　B. 作用迅速可靠

C. 生产过程复杂　　　　　　　　　D. 比较稳定

4. 以下哪一项不是按包装技术与目的分类的（　　　）

A. 真空包装　　　B. 充气包装　　　C. 储运包装　　　D. 无菌包装

5. 药品注册商标应印制在药品标签的（　　　）

A. 边角　　　　　B. 下部　　　　　C. 右上方　　　　D. 左上方

6.不同剂型的吸收速度大小是（　　　）

A.液体＜片剂＜胶囊＜丸剂　　　　B.液体＜胶囊＜片剂＜丸剂

C.液体＞片剂＞胶囊＞丸剂　　　　D.液体＞胶囊＞片剂＞丸剂

7.关于药物作用的理解以下哪项是错误的（　　　）

A.是指药物与机体（含病原体）细胞间的初始作用

B.是指机体对病原微生物细胞间的初始作用

C.药物的基本作用是使机体器官原有的生理生化功能发生改变

D.基本类型包括兴奋与抑制

8.下面哪项不良反应类型与药物的剂量无关或关系很小（　　　）

A.副作用　　　　　　　　　　B.毒性反应

C.变态反应（过敏反应）　　　　D.特异质反应

9.有些药物与某组织细胞有特殊的亲和力，使药物在其中的浓度较高，从而表现出药物分布的选择性，如碘在甲状腺中的浓度比血浆中浓度高约（　　　）

A.5倍　　　　　　B.15倍　　　　　　C.25倍　　　　　　D.35倍

10.药物经（　　　）个 $T_{1/2}$ 后药物浓度下降到原来的 3％左右，可认为基本消除完毕。

A.1　　　　　　B.2　　　　　　C.3　　　　　　D.5

11.无吸收过程的是（　　　）

A.口服给药　　　B.舌下给药　　　C.直肠给药　　　D.静脉注射

12.脂溶性较高、用量较小的药物，可用（　　　）的给药方法由口腔黏膜吸收。

A.口服给药　　　B.舌下给药　　　C.直肠给药　　　D.静脉注射

二、配伍选择题

A.激素及影响内分泌药　　　　B.非处方药

C.辅酶 A　　　　　　　　　　D.片剂

1.属于按药品管理要求分类的是（　　　）

2.属于按药物来源分类的是（　　　）

A.属于液体制剂　　　　　　B.属于注射剂的一个种类

C.栓剂　　　　　　　　　　D.滴丸

3.发挥药效迅速、生物利用度高、副作用小，既可以口服也可供外用和局部使用（　　　）

4.常用的合剂、糖浆剂（　　　）

5.临床上使用的输液（　　　）

6.药物与适宜基质制成的、有一定的形状、供人体腔道给药的固体制剂（　　　）

第五章　常用药物介绍

一、单项选择题

1.下列药物中无肾毒性的是（　　　）

A.头孢匹罗　　　B.头孢曲松　　　C.头孢克洛　　　D.头孢拉啶

2.对铜绿假单胞菌敏感的氨基糖苷类药物是（　　　）

A.新霉素　　　　B.链霉素　　　　C.阿米卡星　　　D.卡那霉素

3.可产生耳、肾毒性的药物是（　　　）

A.青霉素　　　　B.氯霉素　　　　C.阿奇霉素　　　D.大观霉素

4.对儿童牙齿、骨骼发育有影响的抗生素是（　　　）

A.诺氟沙星　　　B.多西环素　　　C.卡那霉素　　　D.头孢菌素

5.主要用于敏感菌引起的急慢性骨及关节感染的抗生素是（　　　）

A.四环素类　　　　　　　　　B.大环内酯类

C.林可霉素类　　　　　　　　D.氨基糖苷类

6.有双硫仑样反应的抗生素是（　　　）

A.四环素　　　　B.头孢哌酮　　　C.氯霉素　　　　D.红霉素

7.同服维生素 B_6 可防治抗结核药物引起的周围神经炎的药物是（　　　）

A.呋喃唑酮　　　B.利福平　　　　C.头孢哌酮　　　D.异烟肼

8.以下属于解热镇痛抗炎药具有的作用特点是（　　　）

A.能降低正常体温　　　　　　B.对严重创伤性剧痛有效

C.能用于细菌性炎症　　　　　D.对控制风湿性关节炎疼痛有效

9.下列属于代谢刺激肠壁的泻药是（　　　）

A.硫酸镁　　　　B.酚酞　　　　　C.液状石蜡　　　D.鞣酸蛋白

10.下列属于非强心苷类正性肌力药物的是（　　　）

A.地高辛　　　　　　　　　　B.米力农

C.洋地黄毒苷　　　　　　　　D.硝普钠

11.首选下列可以治疗过敏性休克的药物是（　　　）

A.去甲肾上腺素　　　　　　　B.间羟胺

C.多巴胺　　　　　　　　　　D.肾上腺素

12.可用于高血压急症的药物是（　　　）

A.氯沙坦　　　　B.硝普钠　　　　C.氢氯噻嗪　　　D.尼群地平

13.会出现横纹肌溶解不良反应的是（　　　）

A.羟甲基戊二酰辅酶 A 抑制剂　　　　　　　　B.贝丁酸类

C. 烟酸类　　　　　　　　　　　D. 胆固醇吸收抑制剂

14. 下列属于 DPP-4 抑制剂的口服降糖药是（　　　）

A. 格列波脲　　　　　　　　　　B. 阿卡波糖

C. 雷尼替丁　　　　　　　　　　D. 沙格列汀

15. 以下属于阿法骨化醇适应证的是（　　　）

A. 严重感染　　　　　　　　　　B. 严重支气管哮喘

C. 2 型糖尿病　　　　　　　　　D. 抗维生素 D 佝偻病

16. 下列药物是紧急避孕药的是（　　　）

A. 醛固酮　　　　　　　　　　　B. 甲地孕酮

C. 米非司酮　　　　　　　　　　D. 左炔诺孕酮

17. 下列不属于阿仑膦酸钠适应证的是（　　　）

A. 甲状旁腺功能亢进症

B. 预防髋部和脊髓骨折

C. 治疗绝经后妇女的骨质疏松症

D. 治疗男性骨质疏松以增加骨量

18. 由甲氨蝶呤、乙胺嘧啶所引起的巨幼红细胞贫血，应用以下哪个药物治疗（　　　）

A. 维生素 B_6　　B. 硫酸亚铁　　C. 亚叶酸钙　　　D. 维生素 B_1

19. 下列药物中，不属于免疫抑制药的是（　　　）

A. 香菇多糖　　B. 环孢素　　C. 硫唑嘌呤　　　D. 他克莫司

20. 可用于预防和治疗佝偻病的药物是（　　　）

A. 葡萄糖酸钙　　　　　　　　　B. 葡萄糖酸锌

C. 硫酸亚铁　　　　　　　　　　D. 氯化钾

21. 以下不属于治疗寻常痤疮的药物是（　　　）

A. 维 A 酸　　　　　　　　　　　B. 糠酸莫米松

C. 阿达帕林　　　　　　　　　　D. 异维 A 酸

22. 需要在使用前将药片完全溶解在溶剂中后开始使用，并在 20 天内用完的滴眼液是（　　　）

A. 倍他洛尔　　　　　　　　　　B. 羧甲纤维素钠

C. 萘甲唑啉　　　　　　　　　　D. 吡诺克辛

二、配伍选择题

A. 苯唑西林　　　　　　　　　　B. 氨苄西林

C. 哌拉西林　　　　　　　　　　D. 替莫西林

1. 属于耐酶（β-内酰胺酶）青霉素的是（　　　）

2. 属于耐酸、广谱青霉素的是（　　　）

3. 属于抗铜绿假单胞菌青霉素的是（　　）

4. 属于抗革兰氏阴性菌青霉素的是（　　）

　　A. 氢氧化铝　　　B. 雷尼替丁　　　C. 泮托拉唑　　　D. 丙谷胺

5. 通过抑制 H_2 受体抑制胃酸分泌的药物是（　　）

6. 能中和过多胃酸的药物是（　　）

7. 通过抑制质子泵抑制胃酸分泌的药物是（　　）

8. 通过抑制胃泌素受体抑制胃酸分泌的药物是（　　）

　　A. 米诺地尔　　　B. 利血平　　　　C. 特拉唑嗪　　　D. 硝普钠

9. 阻滞 α_1 受体的抗高血压药物是（　　）

10. 扩血管的抗高血压药是（　　）

11. 影响交感神经递质的抗高血压药是（　　）

12. 开放钾通道的抗高血压药是（　　）

　　A. 富马酸亚铁　B. 蚓激酶　　　　C. 鲨肝醇　　　　D. 曲克芦丁

13. 患者服用哪种药物期间应避免阳光直射和高温环境（　　）

14. 可促进白细胞增加的药物是（　　）

15. 服用时可引起黑粪的药物是（　　）

16. 通过激活纤溶酶原使之转化为纤溶酶而发挥溶栓和抗凝的药物是
（　　）

17. 溃疡性结肠炎患者禁用的药物是（　　）

18. 必须在饭前服用的药物是（　　）

　　A. 匹多莫德　　　　　　　　　　B. 氯苯那敏

　　C. 雷公藤多苷　　　　　　　　　D. 香菇多糖

19. 服药期间饮酒可增加中枢神经抑制作用的药物是（　　）

20. 癫痫持续状态时应禁用的药物是（　　）

三、多项选择题

1. 有关喹诺酮类药物的特点叙述正确的是（　　）

　　A. 不良反应低，不用皮试　　　B. 生物利用度高，半衰期较长

　　C. 抗菌谱广，抗菌活性强　　　D. 血药浓度较高

　　E. 组织分布广

2. 通过促进和刺激胃肠排空，增加胃肠道推动性蠕动，改善功能性消化
不良症状的药物是（　　）

　　A. 蒙脱石　　　B. 甲氧氯普胺　　C. 多潘立酮

　　D. 莫沙必利　　E. 阿托品

3. 适用于治疗急性痛风的药物是（　　）

　　A. 秋水仙碱　　B. 吲哚美辛　　　C. 吡罗昔康

D. 泼尼松　　　　E. 奥利司他

4. 用叶酸治疗巨幼红细胞贫血时，不宜同时使用 （　　　）

A. 维生素 B_{12}　　B. 维生素 B_1　　C. 甲氨蝶呤

D. 乙胺嘧啶　　　　E. 维生素 C

第六章　常见病药物治疗

一、单项选择题

1. 通常下列哪个药是退热的首选 （　　　）

A. 对乙酰氨基酚　　　　　　　　B. 阿司匹林

C. 安乃近　　　　　　　　　　　D. 双氯芬酸

2. 下列关于解热药的使用叙述错误的是 （　　　）

A. 退热属对症治疗，可能会掩盖病情

B. 应严格掌握用量，避免滥用，老年人应减量

C. 多数宜在餐后服用

D. 因阿司匹林无致畸作用，故在妊娠的前 3 个月推荐使用

3. 除了糖皮质激素，唯一可单独使用的哮喘控制性药物是 （　　　）

A. 氢化可的松　　　　　　　　　B. 布地奈德

C. 孟鲁司特　　　　　　　　　　D. 氨茶碱

4. 对慢性支气管炎患者应避免选择的镇咳药是 （　　　）

A. 可待因　　　　　　　　　　　B. 右美沙芬

C. 喷托维林　　　　　　　　　　D. 苯丙哌林

5. 主要用于哮喘发作预防的药物是 （　　　）

A. 孟鲁司特　　　　　　　　　　B. 氨茶碱

C. 色甘酸钠　　　　　　　　　　D. 沙丁胺醇

6. 关于过敏性鼻炎的用药指导说法错误的是 （　　　）

A. 季节性过敏性鼻炎应提前 2～3 周用药

B. 滴鼻剂使用应该间隔 12h

C. 过敏性鼻炎与感冒症状类似，要注意鉴别

D. 服用或滴入抗过敏药后的 4h 内不宜从事车辆驾驶

7. 关于慢性咽炎的药物治疗时注意事项正确的是 （　　　）

A. 一般不用抗菌药物治疗

B. 为了获得显著疗效可选择全身用药

C. 5 岁以下儿童使用口含片时，可以选用动物形状的药片

D. 西地碘含片对有甲状腺疾病患者无影响

8. 关于胃溃疡，下列说法错误的是（　　　）

A. 胃溃疡疼痛部位为剑突下正中偏左

B. 胃溃疡的疼痛时间为进餐后 2～3h 发生，即两餐之间

C. 胃溃疡的疼痛规律为进食—疼痛—缓解

D. 胃溃疡的疼痛性质为烧灼样或痉挛感

9. 慢性胰腺炎的患者可考虑应用的助消化药是（　　　）

A. 胰酶片　　　　　　　　　　　　B. 多潘立酮

C. 六味安消散　　　　　　　　　　D. 胃蛋白酶合剂

10. 关于硫糖铝的用药不正确的是（　　　）

A. 硫糖铝是胃黏膜保护药　　　　　B. 在酸性环境中作用强

C. 可以促进溃疡愈合　　　　　　　D. 硫糖铝要在餐后 1h 服用较好

11. 下列药物中抑制胃酸分泌效果最强的是（　　　）

A. 雷尼替丁　　　B. 哌仑西平　　　C. 奥美拉唑　　　D. 丙谷胺

12. 以下泻药中，乳酸血症患者禁用的是（　　　）

A. 硫酸镁　　　　B. 液状石蜡　　　C. 乳果糖　　　　D. 酚酞

13. 双歧杆菌三联活菌制剂治疗腹泻的主要机制是（　　　）

A. 补充正常的细菌　　　　　　　　B. 减少腹胀和腹泻

C. 维持肠道正常菌群的平衡　　　　D. 抑制肠道内腐败菌的生长

14. 患者，男，63 岁，患有高血压、二度房室传导阻滞，建议患者服用的抗高血压药是（　　　）

A. 维拉帕米　　　B. 卡托普利　　　C. 美托洛尔　　　D. 普萘洛尔

15. 高三酰甘油血症的首选药是（　　　）

A. 苯扎贝特　　　　　　　　　　　B. 阿昔莫司

C. 阿托伐他汀　　　　　　　　　　D. 考来烯胺

16. 高胆固醇血症的首选治疗药物是（　　　）

A. 苯扎贝特　　　　　　　　　　　B. 阿昔莫司

C. 阿托伐他汀　　　　　　　　　　D. 考来烯胺

17. 以下哪项指标可以辅助诊断由服用他汀类调节血脂药物引起的横纹肌溶解症（　　　）

A. TC　　　　　　B. BUN　　　　　C. CK　　　　　　D. WBC

18. 肥胖的 2 型糖尿病患者如果通过单纯饮食控制及体育锻炼治疗无效可首选以下哪个药来治疗（　　　）

A. 格列吡嗪　　　　　　　　　　　B. 吡格列酮

C. 二甲双胍　　　　　　　　　　　D. 格列本脲

19. 患者，女，61 岁，有痛风病史。间歇期联合使用别嘌醇和丙磺舒治

疗时又出现一次急性发作，此时应采取的治疗方法是（   ）

A. 停用别嘌醇和丙磺舒，改用秋水仙碱

B. 加大别嘌醇和丙磺舒剂量，加服秋水仙碱

C. 减少别嘌醇和丙磺舒剂量，加服秋水仙碱

D. 加大别嘌醇和丙磺舒剂量，加服对乙酰氨基酚

20. 患者，女，38岁，已婚，妊娠2个月，近日自觉心慌、多汗，查FT_3、FT_4偏高，TSH为0.01mU/L。临床诊断为甲状腺功能亢进症。适宜的治疗方案为（   ）

A. 终止妊娠，选用丙硫氧嘧啶治疗

B. 终止妊娠，选用甲巯咪唑治疗

C. 维持妊娠，选用甲巯咪唑治疗

D. 维持妊娠，选用丙硫氧嘧啶治疗

21. 患者，男，57岁，化验结果：TC 4.6mmol/L（参考值<5.2mmol/L），TG 11.0mmol/L（参考值0.56～1.70mmol/L）。血尿酸508mmol/L（参考值<420μmol/L）。应首选的调脂药物为（   ）

A. 烟酸　　　　　B. 考来烯胺　　　　C. 非诺贝特　　　　D. 依折麦布

22. 老年性骨质疏松一般采用（   ）

A. 钙制剂＋维生素D＋骨吸收抑制剂

B. 钙制剂＋维生素D＋雌激素

C. 钙制剂＋维生素D

D. 钙制剂＋维生素D＋骨胶原蛋白

23. 补铁制剂的常见不良反应是（   ）

A. 神经系统反应　　　　　　　B. 胃肠道反应

C. 血液系统反应　　　　　　　D. 肝功能损伤

24. 治疗骨性关节炎，透明质酸钠的正确给药方法是（   ）

A. 口服　　　　　　　　　　　B. 肌内注射

C. 静脉推注　　　　　　　　　D. 关节腔注射

25. 患者，男，72岁，患骨质疏松症，给予双磷酸盐治疗。药师对患者的用药指导和教育错误的说法是（   ）

A. 建议同时使用2种或2种以上的双磷酸盐类药物

B. 应于早晨空腹给药，建议用足量水送服

C. 在药疗过程中发生咽痛、吞咽疼痛和胸痛，应及时治疗

D. 服药时保持上身直立的坐位或站位，服后30min内不宜进食和卧床

26. 血管紧张素转化酶抑制药最常见的不良反应为（   ）

A. 消化不良　　　　　　　　　B. 腹泻

C. 持续性干咳　　　　　　　　　　D. 皮疹

27. 下列哪类抗高血压药可引起低钾血症（　　）

A. 噻嗪类利尿药　　　　　　　　　B. 血管紧张素转化酶抑制药

C. β受体阻滞药　　　　　　　　　　D. 钙通道阻滞药

28. 下列哪种抗高血压药对直立性低血压者禁用（　　）

A. 卡托普利　　　B. 哌唑嗪　　　C. 缬沙坦　　　D. 可乐定

29. 肾功能轻度不全的患者宜选择的降糖药是（　　）

A. 格列喹酮　　　B. 二甲双胍　　　C. 瑞格列奈　　　D. 罗格列酮

30. 属于短效胰岛素或短效胰岛素类似物的是（　　）

A. 甘精胰岛素　　　　　　　　　　B. 低精蛋白锌胰岛素

C. 普通胰岛素　　　　　　　　　　D. 精蛋白锌胰岛素

31. 单纯疱疹性角膜炎宜选用（　　）

A. 利福平滴眼液　　　　　　　　　B. 红霉素眼膏

C. 阿昔洛韦滴眼液　　　　　　　　D. 妥布霉素滴眼液

32. 下列对口腔溃疡药物治疗叙述不正确的是（　　）

A. 西吡氯铵含片咬碎吞入，可使药物发挥更好的作用

B. 5％氨来呫诺可持续用药至溃疡愈合，10天后无明显愈合应咨询医生

C. 长期服用西地碘含片可导致舌苔染色，停药后可消退

D. 复方庆大霉素膜贴敷后，舌尖或口腔有轻微麻木感觉是药物的正常
　　作用，作用过后即消失

二、配伍选择题

A. 含有右美沙芬的抗感冒药　　　　B. 含有盐酸伪麻黄碱的抗感冒药

C. 含有金刚烷胺的抗感冒药　　　　D. 对乙酰氨基酚制剂

1. 感冒伴有发热、头痛、肌肉酸痛时选用（　　）

2. 感冒伴有鼻塞时选用的药物是（　　）

3. 感冒伴有咳嗽时选用的药物是（　　）

4. 感冒后为了对抗病毒时，可选用的药物是（　　）

A. 双侧肾动脉狭窄　　　　　　　　B. 心力衰竭

C. 痛风　　　　　　　　　　　　　D. 消化性溃疡

5. 患者，男，46岁，因心绞痛伴房颤给予维拉帕米治疗。维拉帕米的
禁忌证是（　　）

6. 患者，男，57岁，因左心室功能不全给予依那普利。依那普利的禁
忌证是（　　）

7. 患者，女，77岁，因心力衰竭伴水肿给予氢氯噻嗪。氢氯噻嗪的禁
忌证是（　　）

A. 胰岛素   B. 二甲双胍

C. 阿卡波糖   D. 格列本脲

8.1 型糖尿病患者首选药物是（　　　）

9. 儿童 2 型糖尿病患者首选药物是（　　　）

A. 西替利嗪片   B. 孟鲁司特咀嚼片

C. 布地奈德鼻喷雾剂   D. 左旋西替利嗪口服液

10. 治疗过敏性鼻炎的一线药物是（　　　）

11. 可以抗变态反应同时心脏毒性发生率低的药物是（　　　）

A. 多潘立酮   B. 奥美拉唑

C. 西沙必利   D. 甲氧氯普胺

12. 哪种药物可引起心脏相关风险，应限制使用（　　　）

13. 哪种药物如剂量过大或长期服用，可导致锥体外系神经症状，故老年患者应慎用（　　　）

A. 碳酸氢钠   B. 非布司他

C. 秋水仙碱   D. 苯溴马隆

14. 促进尿酸排泄，用于痛风慢性期，应早餐后服用的药物是（　　　）

15. 碱化尿液，服药期间需监测尿 pH 以调整剂量，防止发生尿酸性肾结石的药物是（　　　）

16. 长期应用可引起骨髓抑制、血尿、少尿、肾衰竭等不良反应的是（　　　）

A. 降钙素   B. 阿仑膦酸钠

C. 替勃龙   D. 特立帕肽

17. 抑制骨吸收，适宜女性绝经后骨质疏松症患者的药物是（　　　）

18. 抑制骨破坏，能明显缓解骨痛，适宜伴骨痛的骨质疏松症患者的药物是（　　　）

A. 硝酸咪康唑栓   B. 甲硝唑栓

C. 维 A 酸   D. 夫西地酸

19. 阴道炎症状为泡沫状白带应选择的药物是（　　　）

20. 阴道炎症状为豆腐渣样白带应选择的药物是（　　　）

三、多项选择题

1. 关于感冒的健康指导叙述正确的是（　　　）

A. 感冒发热不退时应服用抗生素

B. 感冒期间要多饮水、多休息

C. 感冒患者宜清淡饮食

D. 养成良好的生活习惯，避免过度劳累和受凉

E. 加强预防接种

2. 在使用助消化药物时的注意事项正确的是（　　　）

A. 活菌制剂和吸附剂、抗菌药合用时应间隔 2～3h

B. 酶或活菌制剂应存放于冷暗处，服用时不宜用热水

C. 胃蛋白酶在弱碱性环境中消化力最强，故服用时可合用碱性的食物

D. 胰酶对急性胰腺炎早期患者、蛋白质及其制剂过敏者禁用

E. 胰酶与等量碳酸氢钠、西咪替丁合用可增强疗效

3. 下列关于便秘的治疗正确的是（　　　）

A. 应找准病因进行针对性治疗，尽量少用或不用缓泻药

B. 对长期慢性便秘，不宜长期大量使用刺激性泻药

C. 对于结肠低张力所致的便秘，应于早晨起床后服用刺激性泻药

D. 硫酸镁宜在清晨空腹服用，并大量饮水

E. 开塞露一般即时应用

4. 糖尿病患者可用胰岛素作为起始降糖治疗药的情形包括（　　　）

A. 1 型糖尿病

B. 有明显的高血糖症状、发生酮症或酮症酸中毒的新发 2 型糖尿病

C. 新诊断的糖尿病患者分型困难，与 1 型糖尿病难以鉴别

D. 出现无明显诱因体重显著下降的 2 型糖尿病

E. 促胰岛素分泌剂治疗效果不明显的 2 型糖尿病

第七章　药品采购

一、单项选择题

1. 对首营企业的审核，应当查验加盖其（　　　）原印章的资料，确认真实、有效。

A. 公章　　　　　　　　　　　　B. 质量管理章

C. 合同专用章　　　　　　　　　D. 出库专用章

2. 首营品种的审核流程为（　　　）

A. 采购经理—质量部经理—总经理

B. 质量员—质量部经理—质量负责人

C. 采购经理—质量部经理—质量负责人

D. 采购员—质量员—质量负责人

二、配伍选择题

A. 公章　　　　　　　　　　　　B. 质量管理章

C. 法人章　　　　　　　　　　　D. 出库专用章

1. 在对供货单位销售人员的合法资质审核时，法人委托授权书上除加盖供货单位公章外，还需加盖（　　）

2. 在对供货单位进行合法资质审核时，随货同行单上除加盖供货单位公章外，还需加盖（　　）

A. 每日　　　　B. 每月　　　　C. 1 年　　　　D. 5 年

3.《药品经营许可证》有效期限为（　　）

4. 采购记录应按（　　）备份，至少保存 5 年。

5. 质量保证协议应当至少按（　　）签订，约定有效期限。

第八章　药品收货与验收

单项选择题

1. 确认收货后，收货人员在随货同行单（票）上或客户确认单上签字，并盖（　　），交给供货单位或委托运输单位送货人员。

A. 收货专用章　　　　　　B. 验收专用章

C. 养护专用章　　　　　　D. 企业公章

2. 供货单位为批发企业时，检验报告书上应加盖其（　　）

A. 企业公章　　　　　　　B. 出库专用章

C. 质量管理章　　　　　　D. 法人章

第九章　药品储存与养护

一、单项选择题

1. 以下哪组数值分别符合《中国药典》关于"阴凉处""冷处""常温"的温度条件（　　）

A. 不超过 20℃，2～10℃，10～30℃

B. 0～20℃，2～10℃，10～30℃

C. 不超过 20℃，2～8℃，10～30℃

D. 0～20℃，2～10℃，不超过 30℃

2. 人工作业的库房按质量状态实行色标管理，其中发货区、退货区颜色分别为（　　）

A. 黄色、红色　　　　　　B. 绿色、红色

C. 绿色、黄色　　　　　　D. 黄色、黄色

3. 影响药品质量的内在因素不包括（　　）

A. 水解　　　　B. 氧化　　　　C. 吸湿性　　　　D. 时间

4. 盘点范围应包括（　　　）

A. 合格品库（区）　　　　　　　　B. 不合格品库（区）

C. 退货库（区）　　　　　　　　　D. 以上都是

二、多项选择题

1. 重点养护品种包括（　　　）

A. 质量不稳定品种　　　　　　　　B. 效期短的品种

C. 对温湿度和避光有特殊储存要求的品种

D. 储存时间长的品种　　　　　　　E. 重点经营品种

2. 常见的盘点方法包括（　　　）

A. 定期盘点　　　　　　　　　　　B. 动碰货盘点

C. 对账式盘点　　　　　　　　　　D. 地毯式盘点　　　　　　E. 年终盘点

第十章　药品陈列

单项选择题

1. 药品零售企业经营药品应符合 GSP 规定，下列描述不正确的是（　　　）

A. 处方药不得以开架自选的形式销售

B. 药品与非药品应分开陈列，并有明显的隔离标识

C. 含麻黄碱的非处方药陈列在含特药品专柜

D. 销售二类精神药品应当陈列在精神药品专柜

2. 药店销售的某品牌双黄连口服液，贮藏条件为：密封，避光，置阴凉处。该药品应陈列在（　　　）

A. 非处方药自选架　　　　　　　　B. 药品阴凉柜

C. 处方药专柜　　　　　　　　　　D. 中成药专柜

第十一章　药品销售

一、单项选择题

1. 下列关于商品组合相关叙述不正确的是（　　　）

A. 高效的商品组合就是对现有品类进行优化，从零售的角度讲，主要是对畅销品的再优化

B. 商品组合应有利于促进商品销售、竞争和增加利润

C. 商品组合是指医药企业生产、经营的全部商品的结构

D. 医药企业商品组合的特点可用其长度、宽度、深度和关联度四个变

化要素来表示

2.某医药企业追求产品的市场销售额，对进入市场的新品依据市场的需求来进行定价，请问这种方法属于以下哪种定价方法（　　　）

A.市场导向定价　　　　　　　　B.需求导向定价

C.成本导向定价　　　　　　　　D.竞争导向定价

3.以下关于销售有特殊管理要求的药品描述正确的是（　　　）

A.药品零售企业可经营含胰岛素的肽类激素

B.禁止超剂量或无处方销售第二类精神药品

C.含可待因的复方口服溶液一次销售不得超过 3 个最小包装

D.某非处方药的复方制剂，麻黄碱含量 90mg，经执业药师推荐后可销售给顾客

4.处理退货药品具体要求不正确的是（　　　）

A.退货药品需重新进行验收

B.验收定为不合格药品的，应将药品移入退货库（区）存放

C.因滞销等原因需将购进药品退回给供货方的，应通知采购部门及时处理

D.退货药品收货员应凭销售部的退货凭证收货

二、配伍选择题

A.长度　　　　　B.宽度　　　　　C.深度　　　　　D.关联度

1.医药企业各条商品线所包含的商品项目总数是指（　　　）

2.一条商品线上包含的商品项目的数量是指（　　　）

A.pc.　　　　　B.St.　　　　　C.qd.　　　　　D.hs.

3.处方中"每日"的外文缩写是（　　　）

4.处方中"餐后"的外文缩写是（　　　）

5.处方中"立即"的外文缩写是（　　　）

6.处方中"临睡前"的外文缩写是（　　　）

第十二章　用药咨询与指导

一、单项选择题

1.药物治疗管理服务是以（　　　）为中心的服务。

A.药师　　　　B.医生　　　　　C.药物　　　　　D.患者

2.以下关于发生漏服药品后说法正确的是（　　　）

A.通常不用补服，具体视距下次服药的时间而定

B.在下次服药时加倍剂量服用

C. 马上补服

D. 马上减半剂量补服

二、多项选择题

1. 下列哪类咨询需要提供较隐秘的咨询环境，便于患者放心、从容地提出问题（　　）

A. 计划生育　　　　B. 泌尿科　　　　C. 皮肤性病科

D. 心血管科　　　　E. 呼吸科

2. 药历的内容应该（　　）

A. 完整　　　　B. 清晰　　　　C. 易懂

D. 用专业的词汇　　　　E. 用判断性语句

第十三章　药品营销

一、单项选择题

1. 按年龄、性别、收入、家庭生命周期、受教育程度等为标准的细分市场是属于（　　）

A. 人口细分　　　　　　　　B. 心理细分

C. 地理细分　　　　　　　　D. 行为细分

2. 白加黑感冒药以"白天服用白片不瞌睡、晚上服用黑片睡得香"定位产品，成功进入竞争激烈的感冒药市场，这属于（　　）策略。

A. 重新定位策略　　　　　　B. 对抗策略

C. 填补策略　　　　　　　　D. 并列定位策略

二、配伍选择题

A. 密集单一市场　　　　　　B. 产品专业化

C. 市场专业化　　　　　　　D. 市场全面覆盖

1. 企业专注于生产某一种或某一类产品，并向各类顾客销售这种产品，这种进入目标市场的模式属于（　　）

2. 企业集中生产某一市场某一顾客群体所需要的各种产品，这种进入目标市场的模式属于（　　）

A. 撇脂定价　　　　　　　　B. 低价渗透

C. 中间定价　　　　　　　　D. 心理定价

3. 尾数定价策略、声望定价策略、最小单位定价策略等属于（　　）

4. 在新药上市之初，价格尽量定得很高，以便在短期内获得高额利润，这种定价策略属于（　　）

第十四章　经济核算

单项选择题

1. 费用率也称费用水平，是指企业在一定时期内药品流通费用额与药品（　　）的百分比，药品流通费与经济效益成反比例关系。

A. 销售额 　　　　　　　　　B. 利润额

C. 药品销售成本 　　　　　　D. 利润率

2. 以下关于药品资金周转速度描述不正确的是（　　）

A. 药品资金周转速度由药品周转次数或周转天数表示

B. 周转速度越慢，药品资金利用率越高，经营就越好

C. 药品资金周转次数是药品销售额比药品资金平均占用额

D. 药品资金周转天数是由本期天数比周转次数

第十五章　顾客服务

单项选择题

1. 医药商业礼仪的原则为（　　）

A. 尊重，诚实，宽容，从俗，适度

B. 尊敬，真诚，宽容，从俗，适度

C. 尊重，真诚，宽容，从俗，适度

D. 尊敬，诚实，宽容，从俗，适度

2. 为提供顾客咨询服务时，不应该做的是（　　）

A. 倾听顾客的咨询和异议 　　B. 证实你理解了顾客的问题

C. 积极证实是顾客的问题 　　D. 回答异议，努力成交

参考答案

上篇　技能操作

项目一　药品采购

实训 1-1　首营企业资料审核

1.1.1 药品生产企业首营审核

无缺少的资料

错误资料：编号 5.应提供上一年度年报；编号 7.印章盖错，应为公章；编号 8.未加盖企业公章原印章；编号 10.未加盖法人章。

1.1.2 药品经营企业首营审核

无缺少的资料

错误资料：编号 4.未加盖企业公章原印章；编号 5.缺少法人章样式；编号 6.质保协议过期；编号 7.未加盖法人章。

实训 1-2　首营企业审批表填写

（略）

实训 1-3　首营品种资料审核

1.3.1 国产药品首营审核

无缺少的资料

错误资料：编号 6.许可证过期；编号 8.GMP 证书过期，无需提供；编号 9.应加盖鲁南厚普制药有限公司的公章。

实训 1-4　首营品种审批表填写

（略）

实训 1-5　采购计划制定

品种编号	1	2	3	4	5
数量参考	1920	936	1440	20	400

实训 1-6　购销合同签订

（略）

实训 1-7　采购货款结算

表 1-9　月度采购付款计划表

付款品种序号	供应商名称	应付款金额	已付款金额	未付款金额	本月计划付款金额	付款时间	付款方式	请款人
1	略	15744.00	0	15744.00	15744.00	略	银行转账	略
2	略	21996.00	0	21996.00	21996.00	略	银行转账	略
3	略	36864.00	0	36864.00	36864.00	略	银行转账	略
4	略	3400.00		3400.00	3400.00	略	银行转账	略
5	略	32000.00	0	32000.00	32000.00	略	银行转账	略

项目二　药品收货与验收

实训 2-1　采购到货药品收货

奥利司他：异常原因——实际来货品种的规格与采购记录不同；处置措施——与采购人员沟通，联系供应商，做退换货处理，来货让配送员直接带回。

荆防颗粒：异常原因——实际到货批号、数量与随货同行单不一致；处置措施——与采购人员沟通，联系供应商，更换正确的随货同行单，药品暂放置于待处理区。

聚乙二醇化人粒细胞刺激因子注射液：异常原因——冷链交接单上的启运时间早于温度记录上的时间；处置措施——拒收，将药品直接退给配送方；或者先将药品暂放于冷库待处理区，与采购人员沟通，联系供应商，对时间不一致的情况出具说明材料。

其他品种正常收货。

实训 2-2　退回药品收货

异常原因——实际来货数量多于退货申请单上的数量；处置措施——与销售人员沟通，联系客户了解具体原因，药品暂放置于退货收货待处理区。

实训 2-3　药品验收实训

荆防颗粒：异常原因——2782102003 批号未提供检验报告书；处置措

施——与采购人员沟通，联系供应商，需要补充 2782102003 批号的检验报告书，药品暂放置于待处理区。

小儿消积止咳颗粒：异常原因——未提供同批号检验报告书；处置措施——与采购人员沟通，联系供应商，提供 20220052 批号的检验报告书，药品暂放置于待处理区。

聚乙二醇化人粒细胞刺激因子注射液：异常原因——检验报告书上未加盖质量管理章；处置措施——与采购人员沟通，联系供应商，提供加盖质量管理章的检验报告书，药品暂放置于冷库待处理区。

其他都正确。

项目三　药品储存养护

实训 3-1 至实训 3-4

（略）

实训 3-5　重点养护品种确定

表 3-6　重点养护品种确定表

序号	品名	剂型等	确定理由	养护重点
3	盐酸地芬尼多片	略	入库储存时间长，近效期	近效期催报
4	拜阿司匹林肠溶片	略	易水解药品	干燥、阴凉处
8	破伤风抗毒素	略	冷藏药品	冷藏保存
9	甲睾酮片	略	特殊管理药品	按特殊药品管理要求进行管理
10	板蓝根	略	易生虫	干燥、通风处

实训 3-6 至实训 3-11

（略）

项目四 药品陈列

实训 4-1 药店布局实训

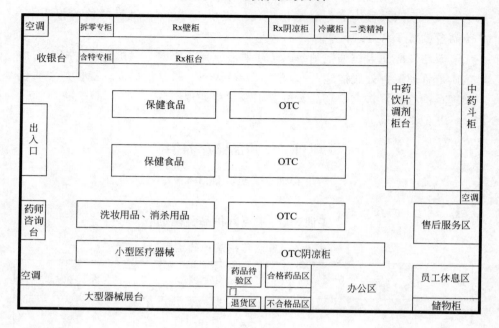

实训 4-2 药品分类陈列

1. 处方药

抗感染药	②㉘㊵
消化系统用药	④㊿
呼吸系统用药	⑥㉝
激素及内分泌用药	⑧
循环系统用药	⑫⑬⑮㉕㊸㊽
血液系统用药	⑪⑭
泌尿系统用药	⑯㊴
抗寄生虫药	⑱
抗变态反应药	
解热镇痛抗炎药	⑨
神经精神用药	㉓㉜㊶
妇产科用药	⑦㉒㉞
外用药	①㉗

2. 非处方药

消化系统用药	㊾
呼吸系统用药	㉛㊼
抗寄生虫药	㉙
抗变态反应药	⑳㊷
解热镇痛抗炎药	⑤㉑㊻
维生素及矿物质类药	㉟㊱
儿科用药	㉔
妇产科用药	
外用药	③⑰㊳

3. 其他

冷藏药	⑲㉖
含特殊成分制剂	⑩㊹
非药品	㉚㊲㊺

实训 4-3 至实训 4-4

（略）

项目五　顾客服务

（略）

项目六　药品服务

（略）

项目七　药品销售管理

实训 7-1　购货单位资格审核

（略）

实训 7-2　销售清单开具

盐酸氨溴索口服液：批号 2102182，80 盒；批号 2106111，120 盒。

拜阿司匹林肠溶片：不能开，产地与客户需求不符。

云南白药气雾剂：毛利低于规定的 2%。不能开，或者与客户协商，提高销价。

强力枇杷露：可以开。

实训 7-3 至实训 7-4

（略）

实训 7-5　处方审核

1.合理处方编号为 004。

2.不合理处方编号为 001、002、003、005。

不合理处方存在问题分别如下：

（1）处方编号 001

问题：联合用药不适宜。

原因：克拉霉素和特非那定存在药物相互作用，克拉霉素可抑制特非那定的代谢，升高其血药浓度，引发心律失常，甚至有引起尖端扭转型室速的危险。

（2）处方编号 002

问题1：重复用药。

原因：两药成分相似。均含有对乙酰氨基酚，盐酸伪麻黄碱 30mg，氢溴酸右美沙芬 15mg。

问题2：给药剂量过大。

原因：门诊处方一般不超过 7 日用量。

（3）处方编号 003

问题1：处方书写不规范。

原因：无科别，无医师签名。

问题2：给药途径不适宜。

原因：此药经直肠给药。

（4）处方编号 005

问题1：遴选药物不适宜。

原因：妊娠高血压禁用 ACEI 类和 ARB 类抗高血压药。

问题2：用法用量不适宜。

原因：左甲状腺素钠片应该将一天需求量早晨 1 次顿服，空腹服用。

实训 7-6 至实训 7-9

（略）

项目八　药品营销

（略）

项目九　经济核算

（略）

下篇　技术理论题库

第一章　职业道德与安全知识

一、单项选择题

1. A　2. C　3. A　4. D

二、多项选择题

1. ABD　2. ABC

第二章　法律法规基础知识

一、单项选择题

1. D　2. D　3. D　4. D　5. C　6. A　7. D　8. D　9. A　10. B　11. B
12. D　13. C　14. C

二、配伍选择题

1. A　2. B　3. C　4. D　5. D　6. C

三、多项选择题

1. ABDE　2. ABCE

第三章　医学基础知识

一、单项选择题

1. A　2. B　3. B　4. D　5. B　6. A　7. A　8. A

二、多项选择题

1. ABCDE　2. ABCE

第四章　药物基础知识

一、单项选择题

1. A　2. D　3. B　4. C　5. A　6. D　7. B　8. C　9. C　10. D　11. D
12. B

二、配伍选择题

1. B　2. C　3. D　4. A　5. B　6. C

第五章　常用药物介绍

一、单项选择题

1. A　2. A　3. D　4. B　5. C　6. B　7. D　8. D　9. B　10. B　11. D
12. B　13. A　14. D　15. D　16. C　17. A　18. C　19. A　20. A　21. B
22. D

二、配伍选择题

1. A　2. B　3. C　4. D　5. B　6. A　7. C　8. D　9. C　10. D　11. B
12. A　13. D　14. C　15. A　16. B　17. A　18. C　19. B　20. D

三、多项选择题

1. ABCDE　2. BCD　3. ABCD　4. CDE

第六章　常见病药物治疗

一、单项选择题

1. A　2. D　3. C　4. A　5. C　6. B　7. A　8. B　9. A　10. D　11. C
12. C　13. C　14. B　15. A　16. C　17. C　18. C　19. C　20. D　21. C
22. A　23. B　24. D　25. A　26. C　27. A　28. B　29. A　30. C　31. C
32. A

二、配伍选择题

1. D　2. B　3. A　4. C　5. B　6. A　7. C　8. A　9. B　10. C　11. D
12. A　13. D　14. D　15. A　16. C　17. C　18. A　19. B　20. A

三、多项选择题

1. BCDE　2. ABDE　3. ABDE　4. ABCD

第七章　药品采购

一、单项选择题

1. A　2. C

二、配伍选择题

1. C　2. D　3. D　4. A　5. C

第八章　药品收货与验收

单项选择题

1. A　2. C

第九章　药品储存与养护

一、单项选择题

1. A　2. C　3. D　4. D

二、多项选择题

1. ABCDE　2. ABCD

第十章　药品陈列

单项选择题

1. D　2. B

第十一章　药品销售

一、单项选择题

1. A　2. B　3. B　4. B

二、配伍选择题

1. A　2. C　3. C　4. A　5. B　6. D

第十二章　用药咨询与指导

一、单项选择题

1. D　2. A

二、多项选择题

1. ABC　2. ABC

第十三章　药品营销

一、单项选择题

1. A　2. C

二、配伍选择题

1. B　2. C　3. D　4. A

第十四章　经济核算

单项选择题

1. A　2. B

第十五章　顾客服务

单项选择题

1. C　2. C